La Mort et l'Au-delà

UNICURSAL

Copyright © 2017

Éditions Unicursal Publishers
www.unicursalpub.com

ISBN 978-2-924859-11-7

Première Édition, Samhain 2017

ANNIE BESANT

LA MORT
ET
L'AU-DELÀ

Classiques Théosophiques

UNICURSAL

PRÉFACE

Le lancement de ce petit livre à travers le monde nécessite quelques mots. C'est le troisième d'une série de Manuels destinés à répondre à la demande, du public, d'une exposition simple des enseignements Théosophiques. Quelques-uns se sont plaints que notre littérature est, à la fois, trop abstruse, trop technique et trop dispendieuse pour le lecteur ordinaire, et c'est notre espoir que la présente série réussira à combler ce qui est une très réelle lacune. La Théosophie n'est pas seulement pour les savants; elle est pour tous. Peut-être parmi ceux qui, en ces petits livres, reçoivent leur première lueur de ses enseignements, s'en trouvera-t-il quelques-uns qui seront conduits par eux à pénétrer plus profondément dans sa philosophie, sa science et sa religion, affrontant ses problèmes les plus obscurs avec le zèle de l'étudiant et l'ardeur du néophyte. Mais ces Manuels ne sont pas écrits pour le chercheur avide qu'aucune des difficultés initiales ne peut arrêter ; ils sont écrits pour les hommes et femmes affairés du monde du travail au jour le jour, et cherchent à mettre en évidence quelques-unes des grandes vérités qui rendent plus léger le fardeau de la vie et plus facile à envisager la pensée de la mort. Écrits par les serviteurs des Maîtres qui sont les Frères-Ainés de notre race, ils ne peuvent avoir aucun autre objet que de servir nos compagnons humains.

LA MORT ET L'AU-DELÀ

Qui ne se rappelle l'histoire de ce missionnaire chrétien, venu en Angleterre pour y prêcher l'Évangile de son Maître et qui, assis un soir dans une des vastes salles du palais d'un roi saxon entouré de ses vassaux, discourait sur la vie, la mort et l'immortalité, quand, tout à coup, un oiseau s'élançant par une fenêtre sans vitraux, traversa la salle d'un vol rapide et s'en fut de nouveau dans l'obscurité de la nuit. Le prêtre chrétien s'adressant alors au monarque et comparant la courte apparition de l'oiseau au milieu de la grande salle à la vie passagère de l'homme sur cette terre, ajouta que la caractéristique de la foi qu'il prêchait, c'est qu'elle enseignait comment l'âme, en s'échappant de sa demeure terrestre, s'envolait, non comme l'oiseau dans les ténèbres de la nuit, mais vers la radieuse lumière d'un monde glorieux !

Et, en effet, l'homme ne fait-il pas son apparition dans la vie, comme l'oiseau dans la grande salle du roi saxon, demeurant quelques courts instants dans ce monde, puis échappant de nouveau à nos regards, pour disparaître dans l'inconnu, dans la mort? N'est-ce pas toujours la même question qu'il pose à la religion? — D'où viens-je? — Où vais-je? Et les réponses varient selon la foi qui les dicte.

Bien des siècles se sont écoulés depuis cet entretien entre Paulinus et le roi Edwin, et pourtant il serait difficile de trouver dans les annales de l'histoire une époque où un plus grand nombre de personnes à la fois aient jamais été à se demander, comme les chrétiens d'aujourd'hui, si l'homme a vraiment une âme dont l'origine et la destinée lui soient toutes deux inconnues.

Et ces mêmes chrétiens qui affirment que leur religion a définitivement banni les terreurs de la mort, ont, eux-mêmes, entouré le cercueil et la tombe de plus de tristesse et de cérémonies lugubres que n'importe quel autre culte! Que peut-il y avoir de plus attristant que l'obscurité qu'on maintient dans la maison où repose un mort attendant la sépulture? Quoi de plus repoussant que les longs vêtements de crêpe et la laideur recherchée de ce grand voile par lequel une veuve désolée annonce au monde que son mari a été "délivré" de "sa dépouille mortelle" ? Quoi de plus révoltant que de voir la douleur de commande des porteurs de cercueil, l'attitude désolée des "pleureurs", les mouchoirs de poche arrangés avec ostentation, et jusqu'aux manteaux spéciaux réservés pour les cérémonies funèbres ! Un grand progrès a marqué ces dernières années : les plumes, les manteaux, les pleureurs ont presque entièrement disparu ; l'affreux et grotesque char funèbre est presque une chose du passé, et les cercueils, au lieu d'être recouverts du lourd drap mortuaire, sont cachés sous des fleurs. Hommes et femmes, il est vrai, portent encore le deuil, mais ils ne se couvrent plus de ces vêtements uniformes qui ressemblaient à des linceuls et à l'aide desquels ils semblaient vouloir se rendre plus malheureux encore en exagérant l'apparence de leur affliction. Le bon sens ici a triomphé encore une fois ; il a aboli ces anciennes coutumes, refusant d'ajouter plus longtemps au deuil ces ennuis superflus, et laissant à la douleur humaine son expression naturelle.

Ce sombre aspect, prêté à la mort jusque dans l'art et la littérature, est l'un des traits caractéristiques du Christianisme. Tantôt cette mort a été représentée comme un squelette tenant une faux dans sa main osseuse, tantôt comme un crâne à l'horrible rictus ; tantôt comme une figure menaçante brandissant un glaive, tantôt comme un épouvantail tenant dans ses mains le sablier qui mesure la vie. Enfin, tout ce qui pouvait terrifier l'humanité a été réuni autour de ce bien nommé Roi des terreurs. Milton, dont la poésie majestueuse a puissamment contribué à former les idées populaires du Christianisme moderne, a employé lui-même toute la force de son style grandiose pour entourer d'horreur la figure de la mort :

"L'autre Forme,
Si forme on la pouvait nommer, cette forme n'avait rien
De distinct comme membre, jointure ou contour,
Pouvait-on   davantage   l'appeler
substance, cette semblance d'ombre,
Car de l'une ou l'autre elle avait l'apparence ; elle se dressait, noire comme la nuit,
Féroce comme dix furies, terrible comme l'enfer,

Et elle agitait un dard épouvantable ; ce
qui paraissait être sa tête
Portait un simulacre de couronne
royale.
Satan en était maintenant à portée, et
de son siège
Le monstre se mouvant en avant
l'atteignit vite,
En d'horribles enjambées ; sa marche
faisait trembler l'enfer....
... Ainsi parla la hideuse terreur ; et son
image,
Ce disant, et menaçant, s'accrut dix fois
Plus horrifiante et difforme...
Mais lui, mon ennemi inné,
S'élança hors de moi, brandissant son
dard funeste,
Fait pour détruire : je m'enfuis et
m'écriai, *la Mort* !
L'enfer trembla au nom hideux et,
comme un soupir,
De toutes ses cavernes il monta, et
encore résonna, *la Mort*. [1]"

---

1   Livre II, ligne 666-789. Tout le passage est hérissé
d'horreurs.

Il est déjà bien étrange que cette sinistre idée soit celle des disciples d'un Maître qui a, dit-on, "apporté au monde la vie et l'immortalité". Mais prétendre que la croyance en l'immortalité de l'âme ait paru si tard dans l'histoire du monde qu'elle ne compte que dix-huit siècles d'existence, est d'une absurdité évidente, lorsqu'on considère les preuves irrécusables qui, de toutes parts, nous prouvent le contraire.

Le grandiose Rituel Égyptien, avec son *Livre des Morts*, dans lequel sont tracés les voyages de l'âme au-delà de la tombe, suffirait à lui seul pour détruire à tout jamais une prétention aussi déplacée. Écoutez ce cri de l'âme du juste :

"Vous qui faites escorte (au dieu) tendez-moi vos bras, car je deviens l'un de vous." (XVII, 22)
"Salut à toi, Osiris, seigneur de lumière qui réside dans la grande demeure, au sein des ténèbres absolues. Je viens à toi, purifié ; mes deux mains sont autour de toi." (XXI, 1)
"J'ouvre le ciel, je fais ce qui m'est ordonné dans Memphis. J'ai la connaissance de mon cœur, je suis en possession

de mes jambes, au gré de ma personne. Mon âme n'est pas emprisonnée dans mon corps aux portes de l'Amenti." (XXVI, 5, 6) [2]

Pour ne pas fatiguer le lecteur par de trop nombreuses citations de ce livre si plein du récit des actions et des paroles de l'homme désincorporé, je ne citerai que ce jugement final prononcé sur l'âme victorieuse.

"Le défunt sera alors divinisé parmi les dieux, dans la région divine inférieure. Il ne sera jamais repoussé… Il boira dans le courant du fleuve céleste… Son âme ne sera pas emprisonnée, puisqu'elle fait le salut de qui est auprès d'elle. Les vers ne la mangeront pas." (CLXIV, 14, 16)

La croyance générale en la Réincarnation prouve suffisamment que les religions, dont elle était la doctrine fondamentale, enseignaient toutes la survivance de l'âge après la mort. On en peut citer, comme exemple, un passage des *Lois de Manou*,

---

2   *Le Livre des Morts*, traduction Paul Pierret, 1882.

passage qui suit immédiatement un examen de la
métempsycose, et qui répond à la question concernant le moyen d'arriver à la libération des naissances successives :

> "De tous ces saints actes, la connaissan-
> ce de soi-même (la traduction devrait
> être connaissance de l'*Égo*, d'Atmâ) est
> déclarée le plus élevé : elle est, en effet, la
> première des sciences, puisque par elle
> on obtient l'immortalité." [3]

La grande religion de Zoroastre offre aussi un
témoignage évident de cette croyance. Dans le
passage suivant, traduit de l'*Avesta*, et où est décrit
le voyage de l'âme après la mort, l'antique Écriture
s'exprime en ces termes :

> "L'âme de l'homme pur, faisant un pre-
> mier pas, arrive à (au paradis) Humata ;
> l'âme de l'homme pur faisant un second
> pas, arrive à (au paradis) Hukhta ; elle
> fait un troisième pas et arrive à (au pa-
> radis) Harst ; l'âme de l'homme pur fait

---

3   XII, 85, trad. Burnell et Hopkins.

un quatrième pas et arrive à la Lumière éternelle.

Là, un être pur, antérieurement décédé, lui demande : Comment, ô mort pur, es-tu venu des demeures de la chair, des biens terrestres, du monde corporel jusqu'au monde invisible, du monde périssable jusqu'au monde impérissable, comment cela t'est-il arrivé ? — à toi salut !

Alors Ahura Mazda dit : Ne t'importune pas de tes questions (car) il est venu ici par le terrible, l'épouvantable, l'effrayant chemin, celui de la séparation de l'âme et du corps." [4]

Le *Désatir* des Perses parle, à ce sujet, avec une égale clarté. Cet ouvrage se compose de quinze livres écrits, à l'origine, par des prophètes persans, dans la langue de l'Avesta ; "Dieu", c'est Ahura-Mazda, ou Yazdan :

"Dieu choisit l'homme, entre les animaux, pour lui donner une âme : subs-

---

4   *Zoroastrian and some other ancient systems*, XXVII, traduit par Dhunjeebhoy Jamsetjee Medhora.

tance pure, non composée, immatérielle, sans mélange et sans désirs. Et cette âme, en se perfectionnant, devient un Ange. Par sa profonde sagesse et sa sublime intelligence, il unit l'âme avec le corps matériel. Si l'homme fait le bien, pendant qu'il est dans ce corps, et s'il cultive la sagesse et la religion, il est Hartasp...

Aussitôt qu'il abandonne ce corps matériel, moi (Dieu) je l'emporte dans le monde des Anges, afin qu'il puisse voir les Anges, leur parler et me contempler. Et bien qu'il ne soit pas Hartasp, s'il est sage et vertueux, je l'élèverai au rang des Anges.

Chacun, en proportion de sa sagesse et de sa piété, trouvera une place dans les rangs des Sages, parmi les cieux et les étoiles. Et il demeurera éternellement dans cette réunion bienheureuse." [5]

En Chine, la coutume immémoriale d'adorer les âmes des Ancêtres, prouve combien la vie de

---

[5]   Traduction de Mirza Mohamed Hadi. *The Platonist*, 306.

l'homme y était complètement regardée comme
s'étendant au delà de la tombe. Le *Shû King*, considéré par M. James Legge comme la plus ancien
des Classiques chinois, contient des documents
historiques de l'an 2357 à l'an 627 avant l'ère
chrétienne, et est rempli d'allusions à ces âmes qui,
avec d'autres êtres spirituels, veillent sur les affaires
de leurs descendants et au bien-être du royaume.
C'est ainsi que Pan-Kang, qui régnait de 1401 à
1374 avant JC, exhorte ses sujets en ces termes :

> "Mon but est de vous soutenir et de
> vous nourrir tous. Je pense à mes ancê-
> tres (qui sont à présent) les souverains
> spirituels… Si je commettais des fautes
> en vous gouvernant, et si je vivais long-
> temps au milieu de vous, mon souverain
> suprême (le fondateur de notre dynas-
> tie) m'enverrait pour ce crime une puni-
> tion sévère et me dirait : "Pourquoi op-
> primes-tu mon peuple ?" — Si vous, les
> myriades de mes peuples, ne pensez pas
> à perpétuer vos vies et n'êtes pas unis
> dans une seule pensée avec moi, l'hom-
> me par excellence, dans tous mes projets,
> les rois d'autrefois feront descendre sur

vous la punition de vos crimes et diront:
"Pourquoi n'êtes-vous pas d'accord avec
notre petit-fils et perdez-vous toujours davantage votre vertu? Lorsqu'ils
vous puniront, vous ne trouverez aucun
moyen de vous échapper... Vos ancêtres
et vos pères vous renieront et vous aban-
donneront, et ne vous sauveront pas de
la mort." [6]

Cette croyance est tellement entrée dans la vie
pratique en Chine qu'aujourd'hui, comme dans les
siècles passés, "le changement que les hommes appellent Mort" joue un rôle bien insignifiant dans
les idées et dans la vie des peuples du Céleste-
Empire.

Ces citations, qu'il serait facile de multiplier au
centuple, suffisent pour prouver l'absurdité de l'asser-
tion que la foi en l'immortalité ne vit le jour qu'avec
l'Évangile chrétien. La foi en l'immortalité de l'âme
a répandu sa lumière bienfaisante sur le monde antique tout entier; elle faisait partie de sa vie de tous
les jours, elle se reflétait dans sa littérature et l'aidait
à franchir, avec un calme serein, la porte de la mort.

---

6 *The Sacred Books of the East.* III, pp. 109-110.

Un problème non résolu encore est celui-ci : Comment le christianisme, qui affirma de nouveau cette croyance avec force et avec joie, vit-il naître et grandir dans son sein cette terreur extraordinaire de la mort, qui a joué un si grand rôle dans sa vie sociale, dans sa littérature et dans son art ? Ce n'est point seulement la croyance à l'enfer qui a entouré d'horreur la tombe chrétienne, car d'autres religions ont eu, elles aussi, des enfers, sans que leurs fidèles aient été poursuivis par la même épouvante. Les Chinois, par exemple, qui regardent la mort comme une chose facile, triviale même, ont une collection d'enfers dont la variété de tourments n'a pas été égalée.

Peut-être la différence est-elle due, ici, à une question de race plutôt qu'à une question de foi ? Peut-être la vitalité robuste de l'Occident a-t-elle reculé devant son antithèse, et le bon sens peu imaginatif de la race a-t-il trouvé que l'état d'une âme sans corps manque de solidité et exclut toute idée possible de confort ; tandis qu'aux yeux de l'Oriental mystique et rêveur, porté à la méditation et cherchant toujours à échapper pendant sa vie terrestre à la tyrannie des sens, l'état de désincarnation parait éminemment désirable, comme étant celui qui donne le plus de liberté à la pensée ?

Avant de passer à l'étude de l'histoire de l'homme dans son état *post mortem*, il est nécessaire de résumer brièvement ici la constitution humaine, telle que la décrit la Philosophie ésotérique, car nous devons avoir présentes à la mémoire les diverses parties de cette constitution, si nous voulons arriver à comprendre la manière dont elles se désintègrent. L'homme est composé comme il suit :

1. D'une triade immortelle.
    $\begin{cases} \text{Atmâ.} \\ \text{Buddhi.} \\ \text{Manas.} \end{cases}$

2. D'un quaternaire mortel.
    $\begin{cases} \text{Kâma.} \\ \text{Prâna.} \\ \text{Double éthérique.} \\ \text{Corps dense.} \end{cases}$

Le *Corps dense* est le corps physique, la forme extérieure visible et tangible, composée de tissus variés.

Le *Double éthérique* est la contrepartie éthérée du corps, composée des éthers physiques.

Prâna est la vitalité, l'énergie constructrice qui coordonne les molécules physiques et les réunit en un organisme défini ; c'est le "Souffle de Vie" dans l'organisme ou, plutôt, cette portion du Souffle de Vie universel qu'un organisme humain s'approprie, pendant la brève période de temps à laquelle nous donnons le nom de "Vie".

Kâma est cet ensemble de désirs, de passions et d'émotions que l'homme et l'animal ont en commun.

Manas est le Penseur en nous, l'intelligence.

Buddhi est le véhicule dans lequel l'Esprit (Atmâ) réside, et dans lequel seul il peut se manifester.

Le lien entre la Triade immortelle et le Quaternaire mortel, c'est Manas, qui est double pendant la vie terrestre, ou incarnation, et qui fonctionne à la fois comme Manas supérieur et comme Manas inférieur.

Le Manas supérieur projette un rayon de lui-même : le Manas inférieur ; celui-ci, se servant du cerveau humain comme instrument, y développe l'intelligence et la raison, lesquelles se mêlent, à leur tour, avec Kâma — le Corps du désir ; et c'est ainsi que les émotions et les passions, comme l'explique la psychologie moderne, entrent, elles aussi, dans le domaine de l'intelligence.

Nous avons donc, dans ce Kâma-Manas, le lien qui existe entre la nature supérieure et la nature inférieure ; ce lien appartient à la nature supérieure

par ses éléments manasiques, et à la nature inférieure par ses éléments kâmiqnes. Et comme c'est
sur ce terrain que les batailles des passions se li-
vrent pendant la vie, ces deux éléments jouent un
rôle important dans l'existence d'outre-tombe.
Nous pouvons maintenant classer nos sept
Principes d'une manière un peu différente, et mettre bien en lumière ce mélange dans Kâma-Manas
d'éléments mortels et immortels :

1.	Éléments immortels.	Atmâ.
		Buddhi.
		Manas supérieur.
2.	Éléments conditionnellement immortels.	Kâma-Manas.
3.	Éléments mortels.	Prâna.
		Double éthérique.
		Corps dense.

Parmi les auteurs chrétiens, quelques-uns ont
adopté une classification semblable à la nôtre, dé-
clarant que l'Esprit est immortel, par sa nature
propre, parce qu'il est d'origine divine ; que l'âme
est conditionnellement immortelle, c'est-à-dire
capable par son union avec l'Esprit de goûter, elle

aussi, l'immortalité ; et que le corps est entièrement mortel. La majorité des chrétiens non instruits divisent simplement l'homme en deux parties : le corps, qui périt à la mort, et ce quelque chose appelé, tantôt l'âme, tantôt l'esprit, qui survit. Cette dernière classification, qui en est à peine une, est bien insuffisante, lorsque nous cherchons une explication raisonnée ou même un simple exposé des phénomènes de l'existence *post-mortem*.

La division de la nature humaine en trois parties, donne une idée plus nette de son organisation ; mais elle ne suffit pas à expliquer maints phénomènes. La division septénaire seule fournit une théorie raisonnable et capable d'expliquer les faits que nous désirons étudier ici ; aussi, quelque compliquée qu'elle puisse paraître, l'étudiant sérieux fera bien de se familiariser avec elle. S'il ne se proposait que le corps humain comme sujet d'étude, et s'il désirait arriver à en comprendre le mécanisme, il serait forcé d'en classer les tissus divers d'une façon infiniment plus détaillée que celle dont je me sers ici. Il faudrait qu'il apprît la différence qu'il y a entre les tissus musculaires, nerveux, fibreux, glandulaires, osseux, cartilagineux, et toutes leurs variétés. Et si, dans son ignorance, il se révoltait contre une division si compliquée, on lui montrerait que ce n'est que par une analyse minutieuse des différentes parties du corps que l'on peut arriver à comprendre les phénomènes variés produits par le mécanisme humain. On lui dirait comment l'un de ces tissus est nécessaire à la conservation du corps, comment un autre est l'agent du mouvement, un autre celui de la sécrétion, un autre celui de l'absorption, et ainsi de suite, et que si l'on ne donnait pas, à chacun d'eux, un nom distinctif, il en résulterait une confusion et un malentendu qui empêcheraient de se rendre compte des fonctions diverses du corps. On gagne du temps et l'on se fait une idée plus nette du sujet, en se servant de quelques termes techniques nécessaires ; car la clarté est absolument indispensable pour bien comprendre les phénomènes complexes de la vie d'outre-tombe. Je me vois donc obligée, contre mon habitude, de me servir dès le début de ce travail de mots techniques, car nos langues occidentales n'ont pas d'expressions équivalentes, et les longues circonlocutions sont d'un embarras incessant.

Personnellement, je crois qu'une grande partie de l'antagonisme qui existe entre les partisans de la philosophie ésotérique et ceux du Spiritisme n'est due qu'à la confusion qui règne dans les termes employés des deux côtés, confusion qui aboutit à une mésintelligence complète de part et d'autre. Un spirite éminent déclarait, récemment, dans un mouvement d'impatience, qu'il ne voyait pas la nécessité d'une définition exacte, et que lorsqu'il disait : Esprit, il entendait, par-là, toute la partie de la nature de l'homme qui n'est pas corporelle et qui survit après la mort. On pourrait dire, avec autant de raison, que le corps humain se compose de sang et d'os, et si quelqu'un vous priait de définir ce que c'est que le sang, répondre : "J'entends par sang tout ce qui n'est pas os."

Une définition exacte des termes adoptés, et un emploi rigoureux de ces mêmes termes, nous permettront, au moins, de nous comprendre mutuellement : c'est le premier pas vers une comparaison utile des deux systèmes.

LA DESTINÉE DU CORPS

Le corps humain subit un processus de décomposition et de reconstruction continuel. Sa forme astrale est moulée d'abord dans la matrice maternelle où des matériaux lui arrivent sans cesse et de toutes parts. À chaque instant, des molécules microscopiques se séparent du corps, et d'autres, non moins microscopiques, viennent s'y unir ; et ces flots d'atomes invisibles qui s'échappent ainsi, se répandent dans l'ambiance, et servent à construire d'autres corps appartenant aux règnes animal, végétal, minéral ou humain, car la base physique de tous ces corps est la même.

"L'idée que le tabernacle humain, comme la croûte rocailleuse de notre terre, est composé d'un nombre infini d'autres "vies", n'a rien qui répugne au vrai mystique… La science nous apprend que l'organisme de l'homme et celui de l'animal, mort ou vivant, fourmillent de bactéries de centaines d'espèces différentes; que, chaque fois que nous respirons, nous sommes menacés, au dehors, par une invasion de microbes; au dedans, par les leucomaïnes, aérobies, anaérobies et bien d'autres genres encore. Mais la science n'a jamais encore été aussi loin que la Doctrine Occulte, laquelle affirme que nos corps, aussi bien que ceux des animaux, des plantes et des pierres, sont formés par l'agrégation de ces microbes, qui jusqu'à présent, à l'exception de quelques-unes de leurs espèces les plus volumineuses, sont restés invisibles aux meilleurs microscopes. En ce qui concerne la partie purement animale et matérielle de l'homme, la science est en train de faire des découvertes qui corroboreront cette théorie. La chimie et la physiologie sont les deux grands magiciens destinés à ouvrir, dans l'avenir, les yeux de l'humanité à ces grandes vérités physiques. Tous les jours, l'identité entre l'animal et l'homme physique, entre la plante et l'homme, et même entre le reptile et son nid, ou entre le rocher et l'homme, est prouvée d'une façon de plus en plus irrévocable. On a découvert que les éléments physiques et chimiques qui forment tous les êtres sont identiques; et la chimie peut dire, avec raison, qu'il n'y a aucune différence entre la matière qui compose le bœuf et celle qui forme l'homme. Mais la Doctrine Occulte est bien plus explicite. Elle dit: Non seulement les composés chimiques, mais aussi les vies *invisibles* et microscopiques qui composent les atomes du corps sont les mêmes, qu'il s'agisse de la montagne ou de la pâquerette, de l'homme ou de la fourmi, de l'éléphant ou de l'arbre qui l'abrite du soleil. Chaque particule, — qu'on l'appelle organique ou inorganique, — *est une vie*." [7]

Ces "vies" qui, lorsqu'elles sont séparées et indépendantes appartiennent au plan de la vie prânique, forment, lorsqu'elles sont agrégées, les molé-

---

7   *Secret Doctrine*, vol. I, p. 281.

cules et les cellules du corps physique ; elles sortent du corps et y rentrent incessamment pendant toute la vie terrestre, formant ainsi un intermédiaire continu entre l'homme et ce qui l'entoure. Ces vies sont contrôlées, à leur tour, par les "Vies de feu", appelées aussi les "Dévorateurs", qui les obligent à reconstruire sans cesse les cellules du corps, de sorte qu'elles travaillent avec ordre et harmonie, subordonnées à la haute manifestation de la vie dans l'organisme complexe qu'on appelle l'homme. Ces vies de feu, — dans leurs fonctions directrices et organisatrices, — correspondent, sur notre plan terrestre, à la "Vie Une de l'Univers" [8] et, lorsqu'elles cessent de remplir leurs fonctions, les vies inférieures déséquilibrées commencent le travail de décomposition dans ce corps qui, jusque-là, était un organisme complet. Pendant la vie du corps, on peut les comparer à une armée marchant les rangs serrés, sous les ordres d'un général, et exécutant les diverses manœuvres d'un pas rapide et comme un seul homme. Á la mort, elles ressemblent à une populace tumultueuse et désordonnée qui, ne reconnaissant plus aucune autorité, court çà et là, se bousculant, s'écrasant sans but définitif. Le corps

---

8   *Secret Doctrine*, vol. I, p. 283.

n'est jamais aussi vivant que lorsqu'il est mort;
mais il est vivant dans ses unités, et mort dans sa
totalité. Il est vivant comme agrégat, et mort comme organisme.

"La science regarde l'homme comme un
assemblage d'atomes réunis, temporairement, par une force mystérieuse appelée le principe de vie. Pour le matéria-
liste, la seule différence entre un corps
vivant et un corps mort c'est que, dans
le premier cas, la force est active, dans
le second elle est latente. Lorsqu'elle
est éteinte ou cachée complètement,
les molécules obéissent à une attraction
plus énergique qui les sépare et les dis-
perse à travers l'espace. Cette dispersion
est ce que nous appelons la mort, — s'il
est possible de se figurer la mort, là où
nous voyons les molécules qui composent le cadavre manifester une intense
énergie vitale… Éliphas Lévi dit à ce
sujet: "Le changement atteste le mouvement, et le seul mouvement révèle la
vie. Le cadavre ne se décomposerait pas
s'il était mort; toutes les molécules qui

le composent sont vivantes et s'effor-
cent, de se séparer." " [9]

Ceux qui ont lu *Les sept Principes de l'homme* [10]
savent que le double éthérique est le véhicule de
Prâna, le principe de vie, ou vitalité. C'est par le
double éthérique que Prâna, comme nous l'avons
dit plus haut, contrôle et coordonne les vies inférieures, et c'est lorsque le double éthérique a quitté
le corps, et que le dernier lien fragile qui l'unis-
sait à ce dernier est brisé, que la "Mort" en prend
triomphalement possession.

Ce procédé de retrait a été observé et décrit
d'une manière définitive par plusieurs clairvoyants.
André Jackson Davis, "le voyant de Poughkeepsie",
raconte les observations qu'il a faites sur cette fuite
du corps éthérique et décrit comment il a vu le
fil magnétique ne se rompre que trente-six heures
après la mort apparente. D'autres ont décrit, dans
les mêmes termes, comment ils ont vu un léger
brouillard violet s'élever du cadavre, se conden-
ser graduellement, prendre une forme exactement
semblable à celle de la personne qui venait d'expi-

---

9   *Isis unveiled*, vol. I, p, 480.
10   *Theosophical Manuals*, n° 1, de Mme Annie Besant.

rer, et rester liée à cette personne par un fil étince-
lant. La rupture de ce fil signifie que le dernier lien
magnétique entre le corps physique et les autres
principes de la constitution humaine est brisé.
L'homme s'est dépouillé de son corps, il est délivré de la chair, il est désincarné ; six principes lui
restent encore, qui forment sa constitution, après
que le septième, ou corps dense, ait été abandonné
comme un vêtement usé.

On pourrait dire, en effet, que la mort dévêt
l'homme peu à peu ; que sa partie immortelle se
dépouille de ses formes extérieures, l'une après
l'autre, comme le serpent se débarrasse de sa peau,
comme le papillon sort de sa chrysalide, et que,
passant ainsi d'un état à l'autre, il atteint un degré
de conscience plus élevé.

De plus, c'est un fait bien constaté que, même
pendant la vie terrestre, on peut abandonner le
corps physique et passer soit dans le véhicule appelé corps du désir, corps kâmique ou astral, soit
dans le corps plus éthéré encore de la Pensée, tout
en conservant une pleine conscience ; de sorte que
l'homme peut se familiariser avec l'état de désincarnation, et chasser la terreur qui entoure l'inconnu. Il peut, pendant qu'il est dans l'un ou l'autre de
ces véhicules, se reconnaître comme être pensant,

et se prouver ainsi, à sa propre satisfaction, que la "vie" ne dépend pas de ses fonctions à travers le corps physique. Pourquoi un homme, parvenu à quitter ainsi à volonté ses corps inférieurs et ayant constaté que ce fait amenait, non l'annihilation de sa conscience personnelle, mais une liberté et une intensité de vie infiniment plus grandes, pourquoi cet homme devrait-il craindre la rupture définitive de ses chaînes, et la libération finale de son Égo immortel de la prison de la chair ?

Ce point de vue de la vie humaine fait partie essentielle de la philosophie ésotérique. L'homme est primitivement un être divin, une étincelle de la vie Divine. Cette flamme vivante, passant à travers le feu central, se revêt elle-même de différentes enveloppes, et s'en fait des demeures passagères, devenant ainsi la Triade, — Atmâ-Buddhi-Manas, — le reflet du Moi immortel. De cet Égo émane un rayon qui pénètre dans la matière grossière, dans le Corps des désirs ou éléments kâmiques, — la nature passionnelle, — et aussi dans le corps physique et dans le double éthérique. L'intelligence immortelle, jadis libre, mais gênée à présent par les liens matériels qui l'enchaînent, travaille péniblement et laborieusement à travers les enveloppes qui la recouvrent. Dans son for intérieur, elle demeure toujours le libre oiseau du Ciel, mais ses ailes sont liées par la matière dans laquelle elle est plongée. Quand l'homme reconnaît sa nature réelle, il apprend à ouvrir de temps en temps les portes de sa prison et à s'en échapper. D'abord, il apprend à s'identifier avec la Triade immortelle et à s'élever au-dessus du corps et de ses passions, dans une vie purement morale et mentale. Il découvre alors que le corps, quand il est dompté, ne peut plus le retenir prisonnier, et tirant les verrous de sa prison, il s'élance dans la radieuse et véritable vie de l'âme. Aussi, lorsque la mort, à son tour, vient lui rendre la liberté, il sait dans quel pays elle le mène, puisque, de sa propre volonté, il en a déjà parcouru les différents sentiers. Et, finalement, il apprend à reconnaître ce fait d'importance capitale, que la "Vie" n'a rien à faire avec le corps physique, ni avec le plan matériel ; que l'existence vraie consiste dans la conscience intime qu'on a de son existence, et que cette vie-là n'est jamais interrompue, qu'elle ne saurait l'être, et que les courts intervalles pendant lesquels l'homme demeure sur la terre ne sont qu'une fraction infinitésimale de son existence spirituelle, fraction pendant laquelle il est moins vivant parce que de lourdes enveloppes l'accablent. Car c'est seulement pendant ces inter-

valles (à de rares exceptions près) qu'il perd entièrement conscience de cette existence continue,
parce que, entouré par le monde des sens, il est
sans cesse trompé et aveuglé par les choses transitoires qu'il croit stables, par les illusions qu'il prend
pour des vérités.

La lumière du soleil illumine l'univers, mais à
chacune de nos incarnations nous nous éloignons
de ce centre vivifiant, et nous entrons dans le cré-
puscule du monde physique, où notre vue s'affai-
blit pendant le temps de notre captivité ; à la mort,
nous sortons de notre prison, et nous retournons de
nouveau dans la partie illuminée par le soleil, et là,
nous sommes véritablement plus près de la Réalité.
Les périodes de crépuscules sont courtes et celles
où brille le soleil sont longues ; mais, pendant les
périodes d'aveuglement, nous appelons le crépus-
cule la vie, et cette vie nous semble être la véritable existence, tandis que nous donnons le nom de
mort à cette période éclairée par le soleil, et nous
tremblons à l'idée que nous devons y entrer.

Giordano Bruno, un des plus grands maîtres de
notre philosophie au Moyen Age, était dans le vrai
en ce qui touche l'homme et son corps. Il dit au
sujet de l'Homme véritable :

"Il est présent dans le corps de telle manière que la meilleure partie de lui-même en est absente, et se joint par un sacrement indissoluble aux choses divines, de sorte qu'il ne ressent plus ni amour, ni haine pour les choses mortelles. Il se considère comme le maître, et, par conséquent, comme ne devant être ni l'esclave, ni le serviteur de son corps, qu'il regarde seulement comme la prison qui lui ravit la liberté, la glu dont ses ailes sont enduites, les chaînes dont ses pieds et ses mains sont chargés, le voile qui l'empêche de voir. Il ne faut pas qu'il soit esclave, captif, enchaîné, asservi, paresseux, alourdi, aveugle, car le corps qu'il peut quitter à volonté, ne saurait le tyranniser ; de sorte que, jusqu'à un certain point, l'esprit lui apparaît comme le monde corporel, et la matière est soumise à la divinité et à la nature." [11]

---

[11]   *The Heroïc Enthusiasts*, trad. par L. Williams, part. II, pp. 22-23.

Lorsque nous parvenons à dominer le corps et à le considérer comme un esclave, nous devenons libres, et la mort n'a plus de terreurs pour nous, et quand elle viendra nous toucher, nous lui abandonnerons avec joie notre enveloppe mortelle et nous nous trouverons debout et libres.

C'est dans le même sens que le Dr Franz Hartmann a écrit:

"D'après certaines opinions ayant cours en Occident, l'homme serait un singe perfectionné. L'opinion des Sages indous, d'accord avec celle des philosophes du passé et avec les enseignements des mystiques chrétiens, est que l'homme est un Dieu que les forces passionnelles ont uni, pendant la vie terrestre, avec un animal (sa nature animale). Le Dieu intérieur dote l'homme de sagesse; l'animal lui donne la force. Après la mort, *le Dieu se libère lui-même de l'homme* en quittant le corps animal. Comme l'homme porte en lui cette conscience divine, il est de son devoir de lutter avec cette aide divine contre les inclinations animales, et de s'élever au-dessus d'elles;

l'animal ne saurait accomplir cette tâche,
et, par conséquent, elle n'est pas exigée
de lui." [12]

L' "homme", — si nous prenons ce terme au
sens de la personnalité, sens qui lui est donné dans
la dernière moitié de cette citation, — n'est que
conditionnellement immortel ; lorsque le véritable
homme, le Dieu, a regagné sa liberté, une partie
plus ou moins grande de la personnalité, — ce qui
en elle a participé à la nature divine, — vient s'unir
à lui.

Le corps est abandonné alors aux vies innombrables qui, lorsqu'elles ne sont plus soumises à
Prâna, dont l'action s'exerce par son véhicule le
double éthérique, se débandent et commencent
l'œuvre de destruction. À mesure que les cellules
et les molécules se décomposent, leurs particules
invisibles vont former d'autres corps.

Il se peut qu'à notre retour sur la terre nous
rencontrions de nouveau de ces innombrables vies
qui, dans une incarnation précédente, firent de notre corps leur demeure passagère ; mais ceci nous
éloignerait de notre sujet et ce qui nous intéresse,

---

12   *Cremation, Theosophical Siftings*, Vol. III.

pour le moment, c'est la destruction du corps qui a terminé sa courte vie et dont la destinée est de se décomposer complètement. Donc, pour le corps dense, considéré comme organisme, la mort signifie : dissolution, rupture des liens qui unissent un nombre infini de vies en une seule vie.

LA DESTINÉE DU DOUBLE ÉTHÉRIQUE

L e double éthérique est la contrepartie éthérée du corps grossier de l'homme. C'est ce double que, pendant la vie, l'on aperçoit quelquefois près du corps, et dont l'absence plonge ce dernier dans une espèce de coma ou semi-léthargie. Ce double étant le réservoir ou véhicule du principe de vie pendant la vie terrestre, sa sortie du corps se fait sentir par un ralentissement général de toutes les fonctions vitales, même lorsque le fil qui unit ces deux corps persiste. Comme nous l'avons déjà dit, la rupture de ce fil c'est la mort du corps.

Quand le double éthérique abandonne définitivement le corps, il ne s'en éloigne pas beaucoup et flotte généralement au-dessus de lui, dans un état de rêverie paisible, à moins que de violents chagrins, de bruyantes émotions n'entourent le cadavre dont il vient de se séparer. Et ici, nous saisirons l'occasion de dire combien il est nécessaire d'observer une grande tranquillité et de rester maître de soi, dans la chambre mortuaire, pendant que le double éthérique se retire du corps en entraînant avec lui les principes supérieurs, aussi bien qu'après qu'il s'est retiré. Car, pendant ce temps, l'Égo voit passer rapidement devant lui sa vie tout entière, comme l'ont raconté certaines personnes qui, pendant la submersion, sont passés par cet état spécial de conscience, tandis que leur corps se trouvait comme mort. Un Maître a écrit :

"Lorsque nous touchons à nos derniers moments, notre vie tout entière se réfléchit dans notre mémoire, et les faits les plus oubliés surgissent de tous côtés ; une image chassant l'autre, un évènement succédant à l'autre... L'homme peut souvent paraître mort, et pourtant, même après sa dernière respiration, après le dernier battement de son cœur, après que le dernier degré de chaleur ait abandonné le corps, le cerveau pense et l'Égo revoit toute sa vie en quelques instants. Parlez bas, vous qui vous trouvez auprès d'un lit d'agonie, en face de la présence solennelle de la mort! Et, surtout, gardez le silence, au moment où elle a saisi le mourant de sa main de glace. Parlez bas, je le répète, de peur de troubler la tranquillité de ses pensées, et d'empêcher le passé de compléter son œuvre en projetant ses reflets sur le voile de l'avenir." [13]

C'est le moment où les formes-pensées sans nombre qui ont agité la vie qui vient de s'éteindre, se groupent autour de celui qui les a créées. Elles s'entrecroisent, s'entrelacent pour former l'image complète de cette vie, et c'est alors qu'elles sont empreintes, dans leur totalité, sur la lumière astrale. Les tendances prédominantes, les pensées et les habitudes les plus enracinées, affirment leur suprématie et forment les signes caractéristiques qui apparaîtront dans les incarnations successives, et auxquels on donne le nom de "qualités innées". Cette minute solennelle, où se fait comme un compte rendu de la vie et la lecture des annales karmiques, est bien mal choisi par les parents et amis pour donner libre cours à leur douleur.

---

13 *Man: Fragments of Forgotten History*, pp. 119-120.

"Au moment solennel de la mort, même
lorsque cette mort est soudaine, tout
homme voit reparaître devant lui les
scènes de sa vie passée, jusque dans leurs
moindres détails. Pendant un court instant, la *personnalité* devient une avec
l'Égo *individuel* qui sait tout. Mais cet
instant suffit pour lui montrer l'enchaînement des causes qui ont déterminé
toutes les actions de sa vie. Il se voit et
se comprend alors tel qu'il est véritablement, sans se flatter, sans se faire illusion. Il lit sa propre vie, restant comme
un spectateur qui regarde la scène qu'il
est en train de quitter." [14]

À cette vision éblouissante succède, pour le
commun des mortels, l'état paisible et rêveur, à
moitié léthargique, qui a été décrit plus haut, et,
pendant ce temps, le double éthérique flotte au-
dessus du corps auquel il a appartenu et dont il est,
à ce moment, entièrement séparé.

Quelquefois ce double est aperçu dans la maison ou dans le voisinage, quand la pensée du mou-

---

14   *Clef de la Théosophie*, H. P. Blavatsky.

rant s'est portée fortement vers quelqu'un qu'il a quitté, ou lorsqu'il n'a pu achever une chose qui lui tenait à cœur, qu'il est inquiet et agité, ou, encore, lorsque quelque dérangement particulier est venu troubler la tranquillité de son départ. Dans ces conditions, ou dans d'autres de même nature, le double éthérique peut être vu ou entendu. Il a l'air rêveur, distrait; il est silencieux, vague et indifférent.

Comme les jours s'écoulent, les cinq principes supérieurs se dégagent peu à peu de leur enveloppe éthérique et l'abandonnent, de même qu'ils ont abandonné déjà le corps physique. Ils passent alors, comme entité quintuple, dans un état qui formera un prochain sujet d'étude, laissant le double éthérique avec le corps dense, dont il est la contrepartie; le double éthérique devient ainsi un cadavre astral, tout comme le corps est devenu un cadavre physique. Ces deux cadavres restent l'un près de l'autre, et se décomposent ensemble. Ces fantômes éthériques sont vus quelquefois dans les cimetières par les clairvoyants. Ils ressemblent parfois au corps physique de la personne morte, quelquefois affectent la forme d'un brouillard léger ou d'une faible lumière violette. Un de mes amis vit, une fois, un de ces cadavres éthériques dans un état de décomposition repoussante ; vision horrible qui, dans ces cas, ne rend certainement pas le don de clairvoyance désirable ! Cette décomposition continue *pari passu*, jusqu'à ce que tout le corps physique, à l'exception du squelette, ait disparu. Les particules ainsi dispersées vont former d'autres combinaisons.

L'un des grands avantages de la crémation, indépendamment des raisons sanitaires qui militent en sa faveur, c'est qu'elle rend plus promptement à la Mère-nature les éléments matériels et éthériques des cadavres, réduits par la combustion. Au lieu d'une décomposition lente et graduelle, c'est une dissociation rapide, et il ne reste aucune particule de ces deux corps qui soit capable de devenir une source de maux sur les plans auxquels ils appartiennent.

On peut donner un semblant de vie aux cadavres éthériques après la mort, mais seulement pour un court espace de temps. Le Dr Hartmann écrit à ce sujet :

"Le cadavre récent d'une personne morte subitement peut être galvanisé et acquérir un semblant de vie par l'application d'une batterie galvanique. De même, on peut donner au cadavre astral (éthérique) une vie artificielle, en lui transmettant une partie du principe vital d'un médium. Si ce cadavre astral a appartenu à une personne intelligente, il parlera comme une personne intelligente ; si c'était le cadavre d'un sot, il parlera comme un sot." [15]

Cette horrible action ne peut être exécutée que dans le voisinage du cadavre physique et pendant très peu de temps après la mort ; mais il a été enregistré de semblables cas de galvanisation du cadavre éthérique, pratiqués sur la tombe de la personne défunte. Inutile d'ajouter que c'est là un acte très coupable et qu'il entre dans le domaine de la Magie noire. Si le cadavre éthérique et le cadavre physique ne sont pas promptement détruits par le feu, il faut les laisser dans le silence et l'obscurité, silence et obscurité qui font, de celui qui les trouble, le pire des profanateurs.

---

15   *Magic, White and Black*, pp. 109-110, 3ᵉ édition.

KÂMA-LOKA — DESTINÉE DE PRANA ET DE KAMA

Loka est un mot sanscrit que l'on peut traduire par lieu, monde, pays; de sorte que Kâma-Loka veut dire, littéralement, le lieu ou le monde de Kâma; et Kâma est le nom donné à cette partie de l'organisme humain qui ressent les passions, les émotions, les désirs que l'homme a en commun avec les animaux inférieurs [16]. Dans cette partie de l'univers, dans le Kâma-Loka, se trouvent tous les êtres humains qui n'ont plus de corps physique ni de double éthérique, mais qui sont encore emprisonnés dans le corps des émotions et des passions. Le Kâma-Loka contient aussi beaucoup d'autres habitants, mais, pour le moment, nous ne nous occuperons que des êtres humains qui viennent de

---

16   Voir *The Seven Principles of Man*, pp. 17-21.

franchir le vestibule de la Mort. C'est ceux-là que nous nous proposons d'étudier.

Que l'on me permette, ici, une digression, à propos de ces régions de l'univers qui diffèrent de la région matérielle et sont peuplées par des êtres intelligents. La philosophie ésotérique affirme l'existence de ces mondes qui sont connus des Adeptes, et que beaucoup d'autres hommes et femmes, moins développés que les Adeptes, connaissent également par expérience personnelle. Tout ce qui est nécessaire pour pouvoir explorer et étudier ces régions, c'est le développement de certaines facultés qui sont à l'état latent en tout homme. L'homme "vivant", pour nous servir du terme généralement adopté, peut quitter son corps physique et son corps éthérique, et aller explorer ces régions sans passer par les portes de la mort.

Ainsi, nous lisons dans le *Theosophist* que l'Esprit de l'homme peut acquérir une grande somme de connaissance si, tout en gardant pleinement conscience de lui-même, il parvient à entrer en relation avec le monde spirituel.

"Soit comme dans le cas d'un Adepte initié qui, en revenant sur la terre, conserve le souvenir net et distinct, jus-

que dans les moindres détails, des faits
qu'il a recueillis et des informations qu'il
a obtenues dans les sphères invisibles
des "Réalités"." [17]

Ces régions deviennent, ainsi, des réalités,
des faits scientifiques aussi définis, aussi certains,
aussi familiers pour lui, que le serait un voyage en
Afrique, accompli de la manière ordinaire: après
avoir exploré les lacs et les déserts, il retournerait
dans son pays ayant accumulé des connaissances et
des expériences variées. Un explorateur accrédité
s'inquièterait fort peu de toutes les critiques que
des personnes qui n'auraient jamais été en Afrique
pourraient faire sur ses récits; il raconterait simplement ce qu'il a vu, décrirait les animaux dont
il a étudié les habitudes, esquisserait le pays qu'il
a traversé, faisant un résumé des traits et des produits qui le caractérisent. Si des individus qui n'ont
jamais voyagé le contredisaient, se moquaient de
lui, il ne s'en fâcherait point, ni ne s'en attriste-
rait; il les laisserait dire. L'ignorance ne démontre
rien contre la science, quand même elle répèterait
à l'infini que la science ne sait rien. L'opinion de

---

17   *Theosophist*. Mars 1882, p. 158 (note).

cent personnes sur un sujet qu'elles ignorent entièrement, ne pèse pas plus que l'opinion d'une seule
d'elles. L'évidence d'un fait est augmentée lorsque
plusieurs témoins, affirmant tous la même chose,
rendent témoignage de leur connaissance de ce
fait ; mais une simple négation, répétée mille fois,
n'augmente en rien sa valeur.

Il serait bien étrange, en effet, que l'espace
autour de nous fût vide, fût un vaste désert, et que
les habitants de la terre fussent les seules formes
dans lesquelles l'intelligence pût se manifester.
Comme le Dr Huxley a dit :

> "Sans sortir du domaine de ce que nous
> savons, il est facile, par analogie, de peu-
> pler l'univers d'êtres de grades toujours
> plus élevés, jusqu'à ce qu'on arrive à
> quelque chose qui ne se distingue pra-
> tiquement plus de l'omnipotence, de
> l'omniprésence, et de l'omniscience." [18]

Si ces êtres n'ont pas les mêmes organes que
nous, si leurs sens correspondent à des vibrations
différentes de celles qui affectent les nôtres, nous

---

18   *Essays upon some Controverted Questions*, p. 36.

pouvons vivre les uns à côté des autres, nous pouvons nous côtoyer, nous rencontrer, passer même à travers les uns des autres, sans en savoir jamais davantage sur notre existence réciproque.

M. Crookes nous fait entrevoir la possibilité de cette coexistence, ignorée, de différents êtres intelligents, et il suffit d'un faible effort d'imagination pour en accepter la notion. Il dit :

"Il n'est pas improbable qu'il existe d'autres êtres pourvus de sens dont les organes ne correspondent pas avec les rayons de lumière auxquels notre œil est sensible, mais qui soient capables de percevoir d'autres vibrations qui nous laissent insensibles. De tels êtres vivraient en réalité dans un monde différent du nôtre. Figurez-vous, par exemple, quelle idée nous nous ferions des objets qui nous entourent, si nos yeux, au lieu d'être sensibles à la lumière du jour, ne l'étaient qu'aux vibrations électriques et magnétiques. Le verre et le cristal deviendraient alors des corps opaques. Les métaux seraient plus ou moins transparents, et un fil télégraphique suspendu dans l'air paraîtrait un trou long et étroit, traversant un corps d'une solidité impénétrable. Une machine électrodynamique en action ressemblerait à un incendie, tandis qu'un aimant permanent réaliserait le rêve des mystiques du Moyen Age et deviendrait une lampe perpétuelle, brûlant sans se consumer et sans besoin d'être alimentée d'aucune manière." [19]

Le Kâma-Loka est une région peuplée, tout comme notre monde, d'êtres plus ou moins intelligents, et remplie de formes et de types vivants divers, aussi différents entre eux qu'un brin d'herbe et un tigre, et qu'un tigre et un homme. Ce monde et le nôtre sont enlacés l'un dans l'autre, mais comme leur substance matérielle diffère complètement, ils existent sans avoir connaissance l'un de l'autre. Ce n'est que dans des circonstances qui sortent de l'ordinaire, que les habitants de ces deux mondes peuvent avoir conscience de leur existence mutuelle. Un être humain peut, en suivant un système d'entraînement tout particulier, se mettre en

---

19   *Fortnightly Review*, 1872, p. 176

contact avec plusieurs des citoyens demi-humains du Kâma-Loka et s'en faire obéir. Les êtres humains qui ont quitté la terre, et dans lesquels les éléments kâmiques étaient prédominants, peuvent être facilement attirés par les éléments kâmiques des vivants, et, avec leur aide, avoir de nouveau conscience des scènes qu'ils viennent de quitter. De même, des êtres vivants peuvent établir des méthodes de communication avec ceux qui ont quitté ce monde, et, comme nous l'avons dit plus haut, ayant appris à abandonner à volonté leur corps, ils peuvent, grâce à certaines facultés qu'ils ont développées, pénétrer dans la sphère du Kâma-Loka. Ce qu'il importe ici de saisir et de retenir, c'est que le Kâma-Loka est une région bien définie, habitée par des êtres très variés, parmi lesquels se trouvent les humains désincarnés.

Retournons, après cette digression nécessaire, à l'être humain spécial dont nous retraçons ici la destinée et qui doit nous servir de types. Nous l'avons déjà dépouillé de son corps physique et de son double éthérique; examinons-le, maintenant, dans cet état de courte durée qui suit immédiatement la perte de ces deux corps.

H. P. Blavatsky, après avoir cité une description de l'homme après la mort, par Plutarque, dit:

"Vous pouvez voir que cette doctrine montre l'homme comme septénaire pendant la vie, et comme quinaire immédiatement après la mort, dans Kâma-Loka." [20]

Prâna, cette portion de l'énergie vitale que l'homme s'approprie pendant son incarnation, ayant perdu son véhicule, le double éthérique, lequel, de même que le corps physique, s'est soustrait à la force qui le gouvernait, est obligé de retourner au grand réservoir de la vie universelle. Pareil à de l'eau contenue dans un verre que l'on plonge dans un bassin et qui, lorsque le verre se brise, se mêle forcément à l'eau qui l'entoure, Prâna, lorsqu'il a perdu les corps qui formaient son enveloppe extérieure, se mêle de nouveau à la vie universelle. Ce n'est "qu'immédiatement après la mort" que l'homme est quintuple dans sa constitution, car Prâna, en tant que principe distinctement humain, ne peut plus exister comme tel, une fois que son véhicule est en décomposition.

---

20   *La Clef de la Théosophie.*

L'homme se trouve alors seulement revêtu par le Kâma-rûpa, ou corps de Kâma, le corps du désir, matière astrale fort éthérée, qu'on appelle souvent "fluidique" à cause de la facilité avec laquelle elle reçoit l'empreinte des formes projetées du dehors, ou moulées du dedans. L'homme véritable, la triade immortelle, est là, revêtu de son dernier vêtement terrestre, de cette forme subtile, sensitive et responsive, à laquelle, pendant son incarnation, il a eu la faculté de sentir, désirer, jouir et souffrir, dans le monde physique.

"Quand l'homme meurt, ses trois principes inférieurs, — le corps, la vie, et ce véhicule de la vie, le corps éthérique ou double de tout homme vivant, — l'abandonnent pour toujours. Alors, ses quatre principes supérieurs, — le principe central ou moyen (l'âme animale ou Kâma-rûpa, avec ce qu'elle s'est assimilé du Manas inférieur) et la Triade supérieure, — se trouvent dans le Kâma Loka." [21]

---

21   *La Clef de la Théosophie.*

Le corps du désir subit, peu après la mort, un changement marqué. Par suite des différences de densité de la matière astrale dont il est composé, une série de coques ou enveloppes se constitue, les plus denses défendant, à l'extérieur, le moi conscient des moindres contacts et atteintes du dehors. Si rien ne la trouble, la conscience se replie sur elle-même et se prépare pour le prochain pas en avant, pendant que le corps du désir désintègre, une à une, ses coques ou enveloppes.

Jusqu'au point du réarrangement de la matière du corps du désir, l'état après la mort est à peu près le même pour tous : "une demi-conscience de soi, rêveuse et paisible", comme nous l'avons dit ; dans les cas les plus favorables, on passe, sans se réveiller, de cette demi-léthargie à "l'état d'inconscience pré-dévachanique", état où l'on n'a plus conscience de rien, et à la fin duquel on s'éveille heureusement dans le Dévachan, pour y jouir du repos qui sépare deux incarnations. Mais comme, arrivé là, différentes possibilités se présentent, nous décrirons, d'abord, l'évolution normale et non interrompue qui a lieu dans le Kâma-Loka, jusqu'au moment où l'être atteint le seuil du Dévachan ; alors nous examinerons les cas soumis à des conditions d'un autre ordre.

Lorsqu'une personne a mené une vie pure, et s'est toujours appliquée à s'identifier avec la partie supérieure plutôt qu'avec la partie inférieure de son être, ses émotions ont été faibles et modérées. Elles ne pourront donc pas s'affirmer fortement dans le Kâma-Loka, après leur séparation du corps physique et du double éthérique, après le retour de Prâna à l'océan universel de la vie, quand l'être n'est plus revêtu que du Kâma-rûpa. Durant la vie terrestre, Kâma et le Manas inférieur sont liés fortement; dans le cas dont nous parlons, Kâma est faible, Manas inférieur l'a beaucoup purifié. L'intelligence qui s'est mêlée aux passions, aux émotions et aux désirs, les a également purifiés, s'est assimilé leur partie élevée, l'a pour ainsi dire absorbée en elle-même, de sorte que tout ce qui reste de Kâma n'est qu'un résidu facile à rejeter, et dont la Triade immortelle se débarrasse aisément. Cette Triade immortelle, l'Homme véritable, concentre lentement ses forces, rassemble les souvenirs de la vie terrestre qu'elle vient de quitter, ses affections, ses espérances, ses aspirations, et se prépare à sortir du Kâma-Loka pour passer dans le repos heureux du Dévachan, le "séjour des Dieux", ou, comme disent quelques-uns, "la terre de félicité".

Le Kâma-Loka

"Est une localité astrale, le Limbus de
la théologie scolastique, l'Hadès des an-
ciens ; strictement parlant, il n'est une
localité que dans un sens relatif, car il n'a
ni circonférence définie, ni limites pré-
cises, mais il existe *dans* l'espace subjec-
tif, c'est-à-dire, au-delà de la perception
de nos sens. Pourtant, il existe, et c'est là
que les *eidolons* astraux de tous les êtres
qui ont vécu, y compris les animaux, attendent leur *seconde mort*. Pour les animaux, elle vient avec la décomposition
et la disparition de leurs particules astra-
les. Pour *eidolon* humain, elle commence
lorsque la Triade Atmâ-Buddhi-Mânas
se "sépare" des principes inférieurs ou
reflet de son ex-personnalité, en tom-
bant dans l'état dévachanique." [22]

Cette seconde mort est donc le passage de la
Triade immortelle de la sphère kâmalocique, si in-
timement reliée à celle de la terre, à l'état supérieur de Dévachan, dont nous parlerons plus tard.

---

22   *La Clef de la Théosophie.*

Le type humain, que nous considérons à présent, passe le Kâma-Loka dans cet état léthargique et paisible déjà écrit et, si rien ne vient le troubler, il ne reviendra conscient qu'après être passé par ses différents stades et que le calme aura fait place à la joie suprême.

Mais, pendant tout le temps que les quatre principes — la Triade immortelle et Kâma — demeurent dans Kâma-Loka, que cette période soit longue ou courte, qu'elle dure des jours ou des siècles, ces principes sont à la portée des influences terrestres. Dans l'exemple que nous venons d'étudier, un réveil peut être causé par la douleur passionnée et les désirs des amis qui sont restés sur la terre ; et ces sentiments, qui font vibrer violemment les éléments kâmiques des vivants, peuvent transmettre leurs vibrations jusque dans le Kâma-Rûpa des désincarnés et atteindre et réveiller le Manas inférieur, qui n'a pas encore effectué sa séparation, ni rejoint l'Intelligence spirituelle qui est la cause de son être. Il peut alors secouer sa torpeur et se rappeler vivement la vie terrestre qu'il vient de quitter et, si ses amis affligés sont en relation avec un médium, il peut, directement ou indirectement, se servir du corps physique et du corps astral du médium pour parler ou écrire à ceux qu'il a quittés.

Ce réveil est accompagné souvent de grandes souffrances et, même lorsque ces douleurs n'existent pas, la marche de la libération de la Triade immortelle est brusquement interrompue et le moment de la délivrance finale est retardé. Parlant de cette possibilité des communications, pendant la période qui suit immédiatement la mort et avant que l'homme libéré passe dans le Dévachan, H. P. Blavatsky dit :

> "On pourrait se demander si, en dehors de quelques cas exceptionnels — où le désir des mourants de retourner avec une intention bien déterminée force l'intelligence à *rester éveillée*, auquel cas c'est réellement l'individualité, "l'Esprit", qui entre en communication — on pourrait, dis-je, se demander si un être vivant a jamais véritablement gagné quelque chose à ce retour de l'Esprit sur le plan *matériel*. L'Esprit est ébloui après la mort et tombe bientôt dans ce que nous appelons la léthargie pré-dévachanique." [23]

---

23   *La Clef de la Théosophie.*

Un désir intense peut pousser l'être désincarné à retourner, de lui-même, vers ceux qui sont restés dans les larmes, mais ce retour spontané est fort rare de la part des personnes du type que nous étudions à présent. Si on les laisse en paix, elles s'endorment généralement jusqu'au réveil dans le Dévachan et évitent ainsi les luttes et les souffrances qui entourent la seconde mort.

Lorsque la Triade immortelle prend son vol définitif, ce qui reste dans le Kâma-Loka n'est plus que le Kâma-Rûpa, la *coque* ou fantôme sans vie, qui se décompose peu à peu. Nous en parlerons prochainement, lorsque nous examinerons le type humain ordinaire, c'est-à-dire celui d'un homme ou d'une femme dépourvue de spiritualité élevée, mais ne possédant aucune mauvaise tendance marquée.

Lorsqu'un homme ou une femme d'essence moyenne entre dans le Kâma-Loka, son intelligence spirituelle est revêtue d'un corps de désirs qui possède encore une vigueur et une vitalité considérables. Le Manas inférieur, lié étroitement à Kâma pendant la vie terrestre qui vient de finir, ayant vécu pleinement de la vie des sens et joui des plaisirs et des émotions variés qu'ils procurent, ne peut se libérer immédiatement des chaînes qu'il a

forgées, et retourner de suite à l'Intelligence supérieure, source de son être. Il en résulte pour lui
un délai considérable dans le monde transitoire du
Kâma-Loka ; ce délai dure jusqu'à ce que les désirs
se soient affaiblis suffisamment pour ne plus pouvoir retenir l'âme captive.

Comme nous l'avons dit, pendant que la Triade
immortelle et Kâma restent ensemble dans le
Kâma-Loka, une communication entre les êtres désincarnés et ceux qui vivent sur la terre est possible.
Une telle communication est même généralement
fort recherchée par ceux des êtres désincarnés que
les désirs et les passions attirent encore fortement
vers la terre qu'ils ont laissée ; leur intelligence ne
s'est pas développée suffisamment sur le plan qui
lui est propre pour pouvoir y trouver une satisfaction et un bonheur complets. Le Manas inférieur
soupire encore vers les plaisirs kâmiques, vers les
sensations vives et ardentes de la vie des terrestres, et ces désirs peuvent le ramener vers les scènes
qu'il a quittées avec tant de regrets. Parlant de la
possibilité de la communication entre l'Égo d'un
désincarné et un médium, H. P. Blavatsky dit dans
le *Theosophist* [24], d'après les enseignements qu'elle a

---

24   Juin 1882, art. "Seeming Discrepancies".

reçus des Adeptes, que cette communication peut se produire durant deux intervalles :

"Le premier intervalle est cette période qui sépare la mort physique de l'entrée de l'Égo spirituel dans cet état connu dans la Doctrine ésotérique des Arhats sous le nom de Bar-do ; nous l'avons traduit par période de "gestation" (pré-dévachanique)."

Quelques-unes des communications obtenues par l'intermédiaire des médiums proviennent de cette source, c'est-à-dire de l'entité désincarnée rappelée ainsi vers la sphère terrestre ; faveur cruelle, puisqu'elle retarde l'évolution, et introduit un élément de disharmonie dans ce qui devrait être une progression bien ordonnée. La période de Kâma-Loka est ainsi prolongée, car le Corps du désir recevant satisfaction conserve son pouvoir sur l'Égo, et l'âme ne peut regagner sa liberté, l'Hirondelle immortelle est retenue prisonnière par les filets de la terre.

Quant aux personnes qui ont mené une existence immorale, qui n'ont pensé qu'à stimuler et gratifier leurs passions animales, qui ont développé outre mesure les appétits de leur Corps du désir et qui ont laissé dépérir même leur intelligence inférieure, elles restent fort longtemps dans le Kâma-Loka, tourmentées par le désir ardent de la vie terrestre qu'elles ont abandonnée, et par celui des plaisirs charnels qu'elles ne peuvent plus goûter depuis la perte de leur corps physique. Ce sont elles qui entourent les médiums et les sensitifs, et essaient de s'en servir pour leur propre satisfaction ; aussi comptent-elles parmi les forces les plus dangereuses que les curieux et les étourdis puissent affronter dans leur ignorance.

Dans une autre classe d'entités désincarnées, sont compris tous ceux dont la vie a été brisée prématurément, soit par leur faute, soit par celle des autres, soit par le fait d'un accident. Leur sort dans le Kâma-Loka dépend des conditions dans lesquelles ils vivaient au moment de quitter la terre, car tous ceux qui se suicident ne sont pas coupables au même point, et le degré de leur responsabilité personnelle peut varier dans une mesure illimitée. Leur condition a été décrite de la manière suivante :

"Bien que tous les suicidés ne soient pas entièrement privés de leurs sixième et

septième principes et qu'ils maintien-
nent tout leur pouvoir dans les séances
spirites, ils sont cependant séparés par
un abîme de ces principes supérieurs
jusqu'au moment où la mort naturelle
aurait dû se produire chez eux; ces principes restent, dans ce cas, dans un état
passif et négatif, tandis que dans les cas
de mort accidentelle, les groupes supérieurs et inférieurs s'attirent mutuellement. Un Égo bon et innocent gra-
vite irrésistiblement vers son sixième
et son septième principe et s'endort
bercé par d'heureux songes; parfois encore, il reste dans un sommeil profond
et sans rêves, jusqu'à ce que son heure
sonne. Avec un peu de réflexion et en
songeant que l'ordre et la justice éternelle doivent nécessairement régner,
l'on en comprendra aisément la raison.
La victime, qu'elle soit bonne ou mauvaise, n'est pas responsable de sa mort,
même si cette mort est la conséquence
d'une action commise dans une vie an-
térieure et, par conséquent, le résultat
de la Loi de Rétribution. Car, dans ce

cas, elle n'est pas le résultat direct d'une action commise délibérément par l'Égo personnel pendant la vie au cours de laquelle il s'est trouvé tué. S'il avait vécu davantage, il aurait peut-être pu expier ses péchés d'une façon plus efficace, et lorsque l'Égo a payé les dettes de celui qui les a contractées, l'Égo personnel est à l'abri des coups de la justice rétributive. Les *Dhyân-Chohans*, qui n'ont aucune influence sur le sort de l'Égo humain tant qu'il est vivant, protègent la faible victime lorsqu'elle est jetée violemment hors de son élément dans un élément nouveau, pour lequel elle n'est encore ni mure, ni suffisamment préparée."

Tous ces désincarnés, suicidés ou tués par accident, peuvent entrer en communication avec les habitants de la terre, quoique ce soit à leur détriment. Comme il a été dit ci-dessus, l'être droit et innocent sommeille paisiblement jusqu'à épuisement du temps qu'il aurait pu vivre. Mais si la victime d'un accident est dépravée et grossière, son sort est des plus tristes.

"Les ombres infortunées vouées au péché et à la sensualité, errent au hasard (non comme coques, car le lien qui les unit à leurs deux principes supérieurs n'est pas entièrement brisé) jusqu'à ce que sonne l'heure de leur mort[25]. Arrachées aux scènes de la vie dans toute la force de leurs passions terrestres, elles cherchent les occasions que les médiums leur offrent de goûter de nouveau à ces sensations. Elles forment, les *Pishâchas*, les *Incubes* et *Succubes* du Moyen Age, les démons de la soif, de la gloutonnerie, de la cupidité et de l'avarice ; elles sont ces *Élémentaires* fourbes, méchants et cruels qui poussent leurs victimes à commettre d'horribles crimes, et qui sont heureux de les mettre à exécution ! Ces vampires psychiques causent non seulement la perte de leurs victimes, mais lorsqu'ils arrivent à la fin de la période naturelle de leur vie, ils sont emportés par leurs impulsions infernales loin de l'aura de la terre, dans

---

25   L'heure à laquelle la mort naturelle aurait sonné pour eux, si un accident n'avait hâté leur disparition du plan physique. NDT.

des régions où ils souffrent, pendant
longtemps, des tortures inouïes, et finissent par être complètement annihilés."
"Les causes qui produisent "un être nouveau" et qui déterminent la nature du
Karma sont *Trishnâ (Tanhâ)* — la soif,
le désir d'une existence sensuelle, — et
Upâdâna, — la réalisation, l'achèvement
de ce désir (Trishnâ). Or, les médiums
aident à celte réalisation au *nec plus ul-
tra*, dans le cas d'un Élémentaire, qu'il
soit suicidé ou victime. Règle générale,
tous ceux qui meurent d'une mort naturelle, restent un certain temps, de "quelques heures à plusieurs années", dans le
cercle d'attraction de la terre, — c'est-
à-dire dans le Kâma-Loka. Mais ceux
qui meurent d'une mort violente ou
qui se suicident font exception à la règle. De sorte qu'un Égo destiné à vivre
quatre-vingts ou quatre-vingt-dix ans et
qui s'est tué, ou a été tué par accident,
supposons à l'âge de vingt ans, doit vivre, dans le Kâma-Loka, non "quelques
années" mais, dans son cas, soixante ou
soixante-dix ans comme Élémentaire ou,

plutôt, comme "fantôme terrestre", puisque, malheureusement pour lui, il n'est pas encore une Coque. Heureux, trois fois heureux, comparativement, sont ces êtres désincarnés qui dorment leur long sommeil et vivent en rêve dans le sein de l'Espace! Malheur à ceux que Trishnâ attire vers les médiums, et malheur à ces derniers s'ils les tentent en leur offrant un Upâdâna facile! Car, en les recevant et en satisfaisant leur soif de vie, le médium les aide à développer en eux — de fait, c'en est la cause — un nouvel assemblage de *Skandhas*, un nouveau corps qui possèdera des tendances et des passions pires que celles du corps qu'ils ont perdu. Tout l'avenir de ce nouveau corps sera donc déterminé, non seulement par le Karma des fautes du groupe de skandhas précédents, mais aussi par celui du nouveau groupe destiné à l'être futur. Si les médiums et les spirites savaient que, chaque fois qu'ils accueillent avec transport un nouvel "ange gardien", ils l'attirent dans un Upâdâna qui causera, plus tard, des maux incroyables au nouvel

Égo qui renaîtra sous son ombre fatale, et qu'avec chaque séance, surtout celles où l'on produit des matérialisations, ils multiplient à l'infini les causes du mal qui feront échouer l'infortuné Égo dans sa naissance spirituelle ou l'obligeront à renaître dans une existence plus mauvaise encore, — peut-être seraient-ils moins généreux dans leur hospitalité."

Une mort prématurée, qu'elle soit causée par le vice, par un excès d'étude ou par un sacrifice volontaire à une grande cause, amènera toujours un certain délai dans le Kâma-Loka, mais l'état de l'entité désincarnée dépendra des motifs qui ont abrégé sa vie.

"Il est bien peu d'hommes, si tant est qu'il y en ait, qui soient persuadés qu'en s'adonnant au vice ils se préparent une mort prématurée. Telle est la punition infligée par *Mayâ*. Les "vices" n'échappent pas à la punition qu'ils méritent ; mais c'est la cause qui est punie, et non l'effet, surtout un effet qui reste imprévu malgré sa probabilité. On pourrait aussi

bien dire alors qu'un homme s'est "suicidé" lorsqu'il est mort à la mer dans
une tempête, ou lorsqu'il a été tué par
un excès de travail mental. L'eau est un
élément dans lequel un homme peut se
noyer, et un travail mental exagéré produit un ramollissement du cerveau qui
peut également occasionner la mort. Si
l'on avait cette idée on ne devrait pas tra-
verser le Kâlapâni, ni même prendre un
bain, de peur de s'évanouir et de mourir
noyé (nous connaissons tous de semblables exemples); un homme ne pourrait plus faire son devoir, ni se sacrifier,
comme beaucoup d'entre nous, pour une
cause louable, si élevée fût-elle. Tout est
dans le motif et l'homme n'est puni que
dans les cas de responsabilité directe.
Quand il s'agit d'une victime, l'heure de
la mort naturelle est devancée acciden-
tellement, tandis que lorsqu'un homme
se suicide, il la provoque volontairement
et avec pleine et entière connaissance
des conséquences qui en résulteront. De
sorte qu'un homme qui se tue dans un
accès de folie temporaire, n'est pas un

suicidé, au grand grief et souci, souvent, des Compagnies d'assurance sur la vie. Aussi n'est-il pas abandonné sans défense aux tentations du Kâma-Loka, il s'endort comme toute autre victime."

La population du Kâma-Loka recrute, comme on le voit, des éléments particulièrement dangereux chaque fois qu'un acte de violence, légal ou illégal, arrache le corps physique de l'âme et envoie celle-ci dans le Kâma-Loka, revêtue du Corps du désir, toute palpitante de haine, de passion, d'émotion, remplie de vœux ardents de vengeance ou de luxure non satisfaite. Un meurtrier vivant n'est pas un membre agréable de la société, mais un meurtrier soudainement expulsé de son corps, est une entité bien plus dangereuse encore : la société peut se défendre contre le premier, mais, dans son état actuel d'ignorance, elle reste sans défense contre le second.

Finalement la Triade immortelle s'affranchit du Corps du désir et abandonne le Kâma-Loka ; le Manas supérieur rappelle à lui son rayon coloré par les scènes terrestres qu'il a traversées, garde l'empreinte des expériences faites par la personnalité à laquelle il a servi de guide. Le laboureur est rappelé de son champ et retourne à sa demeure, emportant ses gerbes, grandes ou petites, selon que la moisson de la vie a été pauvre ou abondante. Quand la Triade a quitté le Kâma-Loka, elle sort complètement de la sphère d'attraction de la terre.

> "Dès que l'Égo est sorti du Kâma-Loka — qu'il a traversé "le Pont d'Or" qui conduit aux "sept Montagnes d'Or", — il ne peut plus s'entretenir familièrement avec les faciles médiums."

Il est des cas exceptionnels, qui seront expliqués plus tard, dans lesquels il est possible de s'élever jusqu'à l'un de ces Égos ; mais l'Égo est hors de l'atteinte du médium ordinaire, et il ne peut plus être rappelé dans la sphère terrestre. Avant de suivre la Triade dans son développement progressif, nous étudierons le sort du corps du désir, abandonné à ce moment dans le Kâma-Loka comme un simple *reliquum*.

LE KAMA-LOKA — LES COQUES

La coque est le corps du désir privé de la Triade qui, elle, continue sa marche progressive; c'est le troisième des vêtements transitoires dont l'âme se dépouille et qu'elle abandonne dans le Kâma-Loka, où il doit se désintégrer.

Lorsque la vie terrestre qui vient de s'écouler a été noblement employée, ou même lorsqu'elle a été d'une pureté et d'une utilité moyennes, la coque ne possède plus qu'une petite quantité de force vitale et, après avoir été abandonnée par la Triade, elle se dissout rapidement. Mais pendant la période de décomposition, ses molécules conservent les impressions reçues durant la vie terrestre, et gardent la tendance à vibrer en réponse à des impressions qui leur sont familières. Tout étudiant de la physiologie sait que l'expression "action automatique" veut dire: tendance des cellules à répéter les vibrations causées par une action volontaire; c'est ainsi que se forment ce que nous appelons les habitudes, et c'est pour cela que nous répétons machinalement des mouvements que, d'abord, nous avons exécutés avec intention. Le corps est si fortement automatique qu'il est difficile, comme chacun le sait par expérience, de se défaire d'une phrase ou d'un geste, lorsqu'ils sont devenus "habituels".

Pendant la vie terrestre, le cops du désir est l'organe qui reçoit les impressions du dehors et qui, en même temps, y répond; il reçoit aussi, sans cesse, les impulsions du Manas inférieur et leur répond. C'est ainsi que s'établissent les habitudes, les tendances à répéter automatiquement des vibrations familières, vibrations d'amour ou de désir, vibrations reflétant des expériences passées de toutes espèces. De même que la main est apte à répéter un geste familier, le corps du désir répète tout sentiment ou pensée habituelle; et, quand la Triade l'a abandonné, cet automatisme persiste et la coque peut manifester des sentiments et des pensées sans l'intervention de l'intelligence et de la volonté. Nombre de réponses reçues pendant les séances viennent de telles coques attirées dans le voisinage de leurs parents et amis par des attractions magnétiques qui leur ont été longtemps familières et chères; elles répondent d'une façon automatique aux vagues d'émotion et de souvenir qui ont si souvent guidé leurs impulsions pendant la vie terrestre récemment terminée. Les seules communications dont ces coques soient capables sont des phrases d'affection, des platitudes morales, ou des souvenirs d'évènements passés ; mais elles peuvent se produire largement, quand les conditions sont favorables, sous le stimulant magnétique des parents et amis vivants.

Quand le Manas inférieur a été fortement attiré par le côté matériel de la vie, et lorsque ses études intellectuelles ont été guidées par un motif égoïste, le corps du désir, ayant acquis un automatisme intellectuel élevé, pourra donner des réponses d'une grande valeur. Malgré cela, la marque d'originalité leur manquera, et l'intellect évoqué ne produira rien d'individuel ; on ne saisira aucun signe d'une pensée nouvelle et indépendante, ce qui serait sûrement le cas s'il s'agissait d'une intelligence bien douée, en action dans un nouveau milieu. La grande majorité des communications du "Monde des esprits" est remarquable par la stérilité des pensées ; les reflets des scènes, des conditions et des arrangements terrestres s'y trouvent en abondance, mais c'est en vain que nous y cherchons une pensée forte et originale, digne d'intelligences délivrées de la prison de la chair. Les communications d'ordre élevé accordées occasionnellement émanent, pour la plupart, d'Intelligences non humaines, attirées par l'atmosphère pure du médium ou des assistants.

Il y a un danger incessant dans ces relations avec les coques ; car, comme ce ne sont que des coques et rien d'autre, elles répondent aux impulsions qui leur sont données du dehors, et deviennent automatiquement malicieuses et méchantes lorsque ces vibrations sont malfaisantes. C'est ainsi qu'un médium ou des assistants pourvus d'une faible moralité donneront aux coques qui se pressent autour d'eux des impulsions d'un caractère peu élevé, et qu'à leur tour tous les désirs charnels, toutes les pensées insignifiantes ou sottes provoqueront dans ces coques des vibrations synchrones qui donneront des réponses automatiques.

Les coques tombent aussi facilement sous la domination des Élémentals, forces semi-conscientes en action dans les différents royaumes de la Nature, qui emploient les coques comme véhicules pour faciliter leurs tours malicieux. Le corps éthérique d'un médium et le corps du désir abandonné par son hôte immortel, sont les formes matérielles avec lesquelles les Élémentals peuvent produire un résultat fort curieux et saisissant : on peut en appeler en toute confiance à ceux qui fréquentent les séances spirites, et leur demander si les plaisanteries enfantines avec lesquelles ils sont familiers, — tirer les cheveux, pincer, frapper, jeter des objets çà et là, mettre des meubles les uns sur les autres, jouer des accordéons, etc., — ne s'expliquent pas plus raisonnablement comme caprices de forces inférieures, que comme actions "d'esprits" qui, lorsqu'ils étaient encore dans ce monde, auraient été incapables de pareilles sottises !

Mais laissons les coques se dissoudre graduellement dans leur élément et retourner dans le creuset de la Nature. Les auteurs de *Perfect Way* ont parfaitement expliqué le véritable caractère de la coque :

"Le véritable "revenant" est formé de la partie extérieure et terrestre de l'âme, c'est-à-dire de la partie alourdie par les soucis, les affections, les souvenirs purement mondains ; elle est abandonnée par l'âme et mène alors une existence plus ou moins définie et personnelle dans la sphère astrale, où elle est capable, avec l'aide d'un médium, d'entrer en communication avec les vivants. Elle n'est, malgré cela, qu'un vêtement dont l'âme s'est dépouillée, et elle est incapable d'exister longtemps *comme revenant*. L'âme vraie et réelle d'une personne, l'anima divina, se détache, à la mort, de toutes ces affections charnelles qui eussent voulu la retenir près de ses terrestres hantises." [26]

Si nous désirons retrouver ceux que nous aimons, ce n'est point parmi les ombres du Kâma-Loka que nous devons les chercher. "Pourquoi cherchez-vous les vivants parmi les morts ?"

---

26   pp. 73-74. Ed. 1887.

LE KAMA-LOKA — LES ÉLÉMENTAIRES

Le mot "Élémentaire" a souvent été employé d'une façon si vague qu'il en est résulté une grande confusion. Voici la définition qu'en donne H. P. Blavatsky :

"Les Élémentaires sont, à proprement parler, les âmes des méchants désincarnés ; ces âmes se sont séparées de leur esprit divin, quelque temps avant la mort, et ont ainsi perdu leur chance d'immortalité. Mais on a pensé que dans l'état actuel de nos connaissances, il valait mieux désigner par ce terme les revenants ou fantômes des désincarnés, en général, c'est à dire tous ceux qui habitent temporairement le Kâma-Loka... Ces âmes, une fois séparées de leur

Triade supérieure et de leur corps, restent dans leurs enveloppes kâma-rûpi-
ques et sont attirées irrésistiblement vers
la terre, au milieu des éléments les plus
sympathiques à leur nature grossière. La
durée de leur séjour dans le Kâma-Loka
varie, mais elles finissent toujours par se
dissoudre, atome par atome, comme un
brouillard, dans les éléments qui les entourent." [27]

Ceux qui étudient cette série de Manuels savent
que le Manas inférieur peut se lier avec Kâma, au
point d'en oublier entièrement son origine ; et l'on
appelle cela, en Occultisme, "la perte de l'âme" [28].
C'est, en d'autres termes, la perte du Moi personnel,
lequel, en se séparant de l'Égo supérieur, l'auteur
de son être, s'est condamné à périr. Une telle Âme,
s'étant ainsi séparée de la Triade immortelle pendant sa vie terrestre, devient, après avoir quitté son
corps physique et son corps éthérique, un véritable
Élémentaire. Alors, revêtue de son corps du désir,
elle vit pendant un temps plus ou moins long, selon

---

27   *Theosophical Glossary.* — Elementaries.
28   Voir *The Seven Principles of Man*, pp. 44-46.

la force vitale qu'elle possède encore ; être entièrement mauvais, dangereux et nuisible, elle cherche toujours, à l'aide de n'importe quel moyen offert par la folie et l'ignorance des âmes encore dans la chair, à regagner la vitalité qui lui échappe. Il est vrai que son sort final est la destruction, mais elle peut encore causer beaucoup de mal avant d'arriver à la destinée qu'elle s'est elle-même choisie.

Le mot Élémentaire est souvent employé, aussi, pour représenter le Manas inférieur revêtu par le corps du désir, avant que ce dernier se soit séparé des principes supérieurs et que le premier ait été réabsorbé par l'auteur de son être, le Manas supérieur. Ces Élémentaires peuvent être inoffensifs ou nuisibles.

D'autres écrivains emploient aussi ce mot comme synonyme de coque et augmentent ainsi la confusion. Le terme Élémentaire ne devrait s'appliquer, tout au plus, qu'au corps du désir *plus* le Manas inférieur, que ce Manas soit en train de se séparer des éléments kâmiques, pour entrer de nouveau dans la source d'où il provient, ou qu'il soit séparé déjà de son Égo Supérieur et de ce fait sur le chemin de la destruction.

LE DÉVACHAN

Parmi les conceptions diverses que nous offre la philosophie ésotérique, il n'en est peut-être aucune que l'intelligence de l'Occident saisisse avec plus de difficulté que celle du Dévachan, ou Dévasthân, la terre des Dévas ou pays des Dieux [29].

29   Le mot *Sukhâvati*, emprunté au Bouddhisme du Tibet, remplace parfois celui de Dévachan. Selon Schlagintweit, Sukhâvati est "le pays des bienheureux auquel parviennent tous ceux qui ont accumulé des mérites par la pratique de la vertu". Cela comprend aussi "la délivrance de la Métempsycose" (*Buddhism in Tibet*, p. 99). Selon l'école de Prasanga, le Sentier supérieur mène au Nirvâna, le Sentier moins élevé mène au Sukhâvati. Mais Eitel appelle Sukhâvati "le Nirvâna des gens ordinaires, où les saints jouissent des plaisirs physiques pendant des æons, jusqu'à ce qu'ils entrent de nouveau dans le cercle de la Transmigration" (*Sanskrit-Chinese-Dictionary*). Eitel, cependant, au mot "Amitâbha", dit que "l'opinion populaire" considère "le Paradis de l'Occident" comme "le port de la rédemption finale de tous les tourbillons de la transmigration". Quand l'un des Maîtres de la philosophie ésotérique se sert de ce mot, il veut indiquer les états dévachaniques les plus élevés, mais au sortir desquels l'âme retourne encore sur la terre.

Et l'une des principales difficultés provient du libre usage qu'on a fait, en parlant de l'état dévachanique, des termes : illusion, état de rêve, et autres expressions semblables, ce qui a donné une apparence d'irréalité à toute la conception du Dévachan. Lorsque le penseur oriental, en parlant de notre vie terrestre, se sert du mot Mâyâ, illusion, rêve, l'occidental positif prend ces expressions pour des allégories poétiques, pensant qu'il ne peut rien y avoir de moins illusoire que ce monde où l'on vend et où l'on achète, où l'on mange des beefsteaks et où l'on boit de la bière. Mais lorsque ces mêmes termes sont appliqués à l'état qui suit la mort, — état dont il doute, qu'il ne connaît pas plus que sa propre religion, et qui, il le sent avec une profonde tristesse, doit être dépourvu de tous ces plaisirs substantiels qui sont si chers au cœur de tout bon père de famille, — alors il donne à ces paroles le sens le plus littéral, le plus prosaïque, et il parle du Dévachan comme d'une illusion, en donnant à ce mot une signification d'irréalité. Il serait donc bon, puisque nous sommes arrivés au chapitre du Dévachan, de donner, une fois pour toutes, la véritable signification du mot "illusion".

Si nous prenons ce mot au sens métaphysique, tout ce qui est conditionné est illusoire, car, en réalité, les phénomènes ne sont que des "appa-rences", c'est-à-dire le masque extérieur sous le-quel notre Univers mobile révèle la Réalité Une. Plus l'apparence est "matérielle" et massive, plus elle s'éloigne de la Réalité, plus elle est illusoire. Que peut-il y avoir de plus trompeur que notre propre corps, apparemment si massif, si stable, si visible et si tangible ? Et pourtant, ce même corps n'est qu'une accumulation toujours mouvante de particules vivantes, imperceptibles ; un centre d'ac-tion pour des myriades d'êtres invisibles, qui ne deviennent visibles que par leur agglomération et qui, en se séparant, redeviennent invisibles par leur petitesse. L'intelligence qui est capable de juger les prétentions du corps et de les estimer à leur juste valeur, n'est-elle pas infiniment moins illusoire que ce corps, lequel, bien que stable en apparence, n'en est pas moins dans un état de changement continuel ? L'intelligence, à son tour, est constam-ment trompée par les sens, et il n'est pas jusqu'à la Conscience intime, ce que nous possédons de plus réel, qui ne soit susceptible de se prendre elle-même pour une chose illusoire. En vérité, c'est le monde de la pensée qui est le plus près de la réali-té, et plus les choses prennent une forme tangible, plus elles deviennent illusoires.

De plus, l'intelligence est une chose permanente, si on la compare aux objets du monde matériel et transitoire. "Intelligence" n'est d'ailleurs qu'un terme mal choisi pour dénommer le Penseur qui vit en nous, l'Entité vivante et consciente, l'Homme intérieur, "qui a été, qui est et qui sera, et pour lequel l'heure ne sonnera jamais". Moins cet homme intérieur est plongé dans la matière, plus sa vie devient réelle, et lorsqu'il a rejeté loin de lui les enveloppes dont il s'était revêtu au moment de son incarnation, c'est-à-dire le corps physique, le corps éthéré et le corps des passions, il se trouve plus près de l'Âme Universelle qu'il ne l'était auparavant. Il est vrai que des illusions voilent encore sa vue, mais elles sont infiniment plus transparentes que celles qui l'aveuglaient, lorsqu'il était encore dans le vêtement de la chair. Sa vie sans le corps est, en réalité, l'état le plus libre et le moins illusoire ; et cet état de désincarnation est, comparativement parlant, l'état ordinaire ; il n'en sort, pendant de courts intervalles, que pour se plonger dans la vie physique et acquérir ainsi l'expérience qu'il ne peut gagner autrement, expérience qu'il rapporte avec lui pour enrichir son état plus stable. Pareil au plongeur qui descend dans les profondeurs de l'océan afin d'y chercher une perle, le Penseur plonge dans les on-

des de l'océan de vie pour y chercher la perle de
l'expérience; mais il n'y reste pas longtemps, car
il n'est pas dans son véritable élément. Il remonte
de nouveau dans sa véritable atmosphère et rejette
loin de lui l'élément plus lourd qu'il vient de quitter. Aussi, dit-on avec raison, d'une Âme qui s'est
échappée de la terre, qu'elle est retournée dans sa
patrie, car sa patrie est "le pays des Dieux", tandis
que la terre n'est qu'un exil et une prison. Cette
idée a été exprimée d'une façon fort claire par un
Maître de Sagesse, dans une conversation rappor-
tée par H. P. Blavatsky et imprimée sous le titre
de : *La Vie et la Mort* [30] Les extraits suivants expliquent le cas :

> "Les Védantins, tout en reconnaissant
> deux espèces d'existences conscientes,
> l'existence terrestre et l'existence spiri-
> tuelle, enseignent néanmoins que cette
> dernière seule est d'une réalité incontes-
> table; quant à la vie terrestre, si brève et
> si inconstante, elle n'est qu'une illusion
> de nos sens. Notre vie, dans les sphères
> spirituelles, doit être considérée comme

---

30   *Lucifer*, octobre 1892°. Vol. XI, n° 92.

une réalité, puisque c'est là que vit notre
Égo éternel et immuable, le *Sûtrâtmâ*;
tandis qu'à chaque nouvelle incarnation cet Égo se revêt d'une personnalité
différente, dont l'existence est courte et
éphémère... L'essence fondamentale de
tout ce qui est, c'est-à-dire de l'esprit, de
la force et de la matière, n'a ni commencement ni fin, mais la forme que cette
triple unité acquiert pendant ses incarnations, son apparence extérieure, pour
ainsi dire, n'est qu'une illusion produite
par nos conceptions personnelles. C'est
pourquoi nous appelons la vie posthume
la vraie vie et la vie terrestre, y compris
la personnalité, la vie imaginaire."

Pourquoi, dira-t-on alors, appelons-nous sommeil la réalité et réveil l'illusion?

"Cette comparaison a été faite par moi
pour faciliter votre compréhension. Au
point de vue de vos notions terrestres
elle est parfaitement exacte."

Remarquez bien cette expression : "Au point de vue de vos notions terrestres", car elle est la clef de toutes les phrases dont on se sert lorsqu'on parle du Dévachan comme d'une "illusion". Notre matière physique grossière n'étant plus là, les restrictions qu'elle nous impose disparaissent d'elles-mêmes, et l'intelligence se trouve dans son propre domaine, là où *vouloir* veut dire *créer*, où *penser* veut dire *voir*. Aussi, lorsqu'on demanda au Maître : "Ne vaudrait-il pas mieux dire que la mort n'est que la naissance dans une nouvelle vie, ou, mieux encore, un retour à l'éternité ?" Il répondit :

"C'est cela, et je n'ai rien à objecter à cette manière d'expliquer la chose. Seulement, avec nos conceptions de la vie matérielle, les mots "vivre" et "exister" ne peuvent s'appliquer à la condition purement subjective qui suit la mort ; et si on les employait dans notre philosophie, sans en définir strictement la signification, les Védantins en arriveraient bientôt à partager les idées actuellement en cours parmi les Spirites américains qui enseignent que les Esprits se marient entre eux et avec les mortels. Il en est chez les Védantins comme chez les véritables chrétiens, ceux qui ne le sont pas que de nom ; pour eux, la vie d'outre-tombe est le pays où il n'y a plus ni larmes, ni soupirs, où il n'y a ni mariés ni marieurs, et où les justes réalisent leur entière perfection."

La crainte de matérialiser les idées mentales et spirituelles a toujours prévalu parmi les philosophes et les Maîtres spirituels de l'Extrême-Orient. Leur effort constant a été de libérer, autant que possible, le "Penseur" des liens de la matière, même pendant qu'il en est le prisonnier, et d'ouvrir à l'Oiseau divin la porte de sa cage, bien qu'il doive y retourner de nouveau. Ils essaient, sans cesse, de "spiritualiser ce qui est matériel", tandis qu'en Occident, la tendance a toujours été de "matérialiser ce qui est spirituel". C'est ainsi que l'Indou, en décrivant la vie de l'âme libérée, choisit les termes les plus aptes à faire paraître cette vie le moins matérielle possible, — illusion, rêve, etc., — tandis que l'Hébreu s'efforce de décrire la même vie avec des mots qui suggèrent des idées de splendeur et de luxe terrestres, — fêtes nuptiales, rues en or, trônes et couronnes en métal ornés de pierres pré-

cieuses. L'Occident a adopté les idées matérialis-
tes des Hébreux, et ses images du Paradis ne sont
que des copies des scènes terrestres, avec la douleur en moins ; et c'est ainsi qu'on en est arrivé à
la plus grossière de toutes les représentations, celle
du "Summerland" [31] moderne, avec ses "maris-es-
prits", ses "femmes-esprits", ses "enfants-esprits",
allant à l'école et à l'université et devenant des esprits adultes.

Dans les Notes sur le *Dévachan* [32], un auteur,
qui écrit évidemment avec connaissance de cause,
fait cette remarque en parlant du Dévachanî :

> "Les idées a priori d'espace et de temps
> ne dominent pas ses perceptions ; car
> il peut les créer et les détruire dans un
> même moment. L'existence physique
> augmente d'intensité de l'enfance à l'âge
> mûr et cette intensité diminue de la
> vieillesse à la mort ; il en est de même de
> la vie de rêve du Dévachanî. La nature
> ne se joue pas plus du Dévachanî qu'elle
> ne se joue de l'homme physique vivant ;

31   "Pays d'été". Nom que les Spirites donnent au Paradis.
32   *The Path*. Mai 1890.

elle lui procure infiniment plus de vrai bonheur là, qu'elle ne lui en donne ici où il est toujours en lutte avec le mal et les chances des évènements. Appeler l'existence dévachanique un "rêve", à moins que ce soit au sens purement conventionnel, ce serait renoncer pour toujours à comprendre la Doctrine ésotérique, seule gardienne de la vérité."

"Rêve" si l'on veut, mais seulement pour exprimer que ce rêve n'appartient pas à notre plan de matière grossière, ni au monde physique.

Jetons, maintenant, un coup d'œil général sur la vie de ce Pèlerin éternel, sur cet homme intérieur, ou Âme humaine, pendant un cycle d'incarnation. Avant d'entreprendre son nouveau pèlerinage, — de longs âges d'évolution sont derrière lui, pendant lesquels il a acquis les pouvoirs qui lui permettent d'entrer dans celui-ci, — il est un Être spirituel sorti déjà de la condition passive du pur Esprit et qui, grâce aux expériences de la matière faites dans les âges passés, a développé en lui le mental conscient. Mais cette évolution, fruit de l'expérience, est encore loin d'être complète, il n'est même pas maître de la matière dont, grâce à son ignorance, il devient une proie facile au premier contact, et il n'est pas encore digne de devenir un constructeur d'univers, car il est sujet aux visions décevantes causées par cette matière grossière — tel un enfant qui, regardant à travers un morceau de verre bleu, s'imagine que le monde extérieur tout entier est de cette couleur. Le but d'un cycle d'incarnation est de le délivrer de toutes ces illusions, pour que, au milieu de la matière qui est son champ de travail, il puisse conserver son entière lucidité et n'être pas aveuglé par l'illusion.

Or, le cycle des incarnations est formé de deux états alternatifs : l'un, de courte durée, auquel on donne le nom de vie sur la terre, et pendant lequel le Dieu-pèlerin est plongé dans une épaisse matière ; l'autre, comparativement plus long, appelé vie dans le Dévachan, et pendant lequel il est entouré de matière éthérée, illusoire encore, mais infiniment moins illusoire que celle de la terre. On peut appeler, avec raison, ce second état, l'état normal, car sa durée est énorme, si on la compare aux courtes interruptions causées par les vies terrestres. Il est normal encore, parce que, dans cet état, le pèlerin est plus près de sa véritable vie divine, moins absorbé par la matière, moins susceptible d'être trompé par les rapides changements auxquels elle est sujette. Lentement et graduellement, au cours d'expériences réitérées, la matière perd son pouvoir sur lui, et passe du rôle de tyran à celui de serviteur. Dans la liberté relative du Dévachan, il assimile ses expériences terrestres, bien qu'il soit encore sous leur domination ; au point que le commencement de la vie dévachanique n'est qu'une continuation sublimée de la vie terrestre, — mais, petit à petit, s'émancipant de plus en plus, il reconnaît que ces expériences étaient extérieures et transitoires, et devenant enfin le Maître du Mental, un Dieu libre et triomphant, il se meut consciemment pour toujours dans tout notre Univers.

Tel est le triomphe de la nature divine, manifestée dans la chair, l'assujettissement de la matière devenue, sous toutes ses formes, un instrument docile de l'Esprit. C'est pourquoi le Maître a dit :

"L'Égo spirituel de l'homme, semblable à un balancier, se meut dans l'éternité entre les heures de la vie et celles de la mort. Mais si ces heures, périodes de vie terrestre et de vie posthume, sont limitées, si ces intervalles de l'éternité, passés entre le sommeil et la veille, entre la réalité et l'illusion, ont, eux aussi, leur commencement et leur fin, l'immatériel Pèlerin, lui, est éternel. C'est pourquoi *les heures de sa vie posthume*, celles où il se trouve sans voile, face à face avec la vérité, loin des mirages de l'existence terrestre, *forment*, selon nous, *la seule réalité.* Bien que d'une durée limitée, ces intervalles rendent un double service au Sûtrâtmâ qui se perfectionne sans cesse, suit lentement et sans vaciller la route qui conduit à sa dernière transformation, et devient, en atteignant enfin le but, un Être divin. Non seulement ces intervalles l'aident à atteindre ce but mais, sans eux, Sûtrâtmâ-Buddhi ne pourrait jamais y parvenir. Sûtrâtmâ est l'acteur, et ses nombreuses et diverses réincarnations sont les différents rôles qu'il joue. Je ne pense pas que vous donneriez à ces rôles, et encore moins aux costumes portés par l'acteur dans ces rôles, le nom de personnalité. L'âme, pareille à un acteur, est obligée de jouer bien des rôles pendant le cycle des naissances, tant que n'est pas atteint le seuil de Paranirvâna ; certains rôles lui sont souvent désagréables, mais de même que l'abeille récolte de chaque fleur le miel, abandonnant le reste aux vers de terre, de même notre individualité spirituelle, le Sûtrâtmâ, ne récolte de chaque personnalité terrestre dans laquelle il a vécu, sous la loi de Karma, que l'essence de la conscience individuelle et des qualités morales et, unissant finalement toutes ces qualités en une seule, il devient un être parfait, un Dhyân-Chohan." [33]

Il faut bien remarquer, à ce sujet, que chaque intervalle dévachanique est conditionné par l'intervalle terrestre qui l'a précédé, et que l'homme, dans le Dévachan, ne peut assimiler que le genre spécial d'expériences qu'il a faites sur terre.

"Une personnalité sans relief, ni opinions tranchées, aura un état dévachanique sans saveur ni énergie." [34]

---

33   *The Path*. Mai, 1890.
34   *Notes sur le Dévachan*, déjà citées.

Tous, — mari, père, savant, patriote, artiste, chrétien, bouddhiste, — assimileront, dans la vie dévachanique, les effets engendrés par les expériences de la vie terrestre ; personne ne peut absorber ou assimiler plus de nourriture qu'il n'en a récolté, ni moissonner plus qu'il n'a semé. Il ne faut qu'un moment pour jeter la semence dans le sillon, mais bien des mois sont nécessaires avant qu'elle produise un épi de blé mûr. L'épi est de même nature que le grain qui l'a produit, et le blé moissonné dans les champs d'Aanrou sera, lui aussi, de même nature que sa semence, la courte vie terrestre.

"Il existe un changement continuel dans les occupations et dans la vie du Dévachan, changement plus varié même que dans la vie terrestre d'un homme ou d'une femme absorbée dans une seule direction, mais avec celle différence que, pour le Dévachanî, cette occupation spirituelle est toujours agréable et remplit sa vie de joie. Les aspirations les plus élevées de la vie terrestre forment la vie même du Dévachan ; non la prolongation indéfinie d'un "seul moment suprême", mais les mille développements, les

incidents divers, les évènements basés
sur ce "seul moment" ou ces moments.
Les rêves de l'existence objective deviennent les réalités de l'existence subjective... La récompense préparée par
la Nature à tous ceux qui ont été largement et systématiquement généreux,
qui n'ont pas concentré leur affection
sur un individu particulier, ni sur une
chose spéciale, c'est que, lorsqu'ils sont
purs, ils passent rapidement des Kâma
et Rûpa Lokas dans la sphère plus élevée de Tribhuvana, car la méditation sur
les idées abstraites et sur les principes
universels y forme l'occupation favorite
de celui qui l'occupe." [35]

Rien d'impur ne peut passer le seuil du
Dévachan, car la matière grossière, avec tous ses
attributs, a été abandonnée dans le Kâma-Loka;
mais si le semeur n'a jeté en terre qu'une petite
quantité de grain, la moisson dévachanique sera

---

[35]   *Notes sur le Dévachan*, comme précédemment. Il y a
plusieurs stades dans le Dévachan; le Rûpa-Loka est un stade
inférieur où l'Âme est entourée de formes. Dans le Tribhuvana,
elle a échappé à ces personnalités.

maigre, et le développement de l'âme retardé par le peu de nourriture reçue. De là l'immense importance de la vie terrestre, laquelle représente *le champ à ensemencer, l'endroit où l'expérience doit être récoltée*; cette vie conditionne, règle et limite la croissance de l'âme; elle fournit le minerai grossier que l'âme prend et façonne pendant les intervalles dévachaniques, le fondant, le forgeant, le laminant et s'en servant pour fabriquer des armes qu'elle rapportera avec elle dans la prochaine vie terrestre. L'âme riche en expériences se forgera en Dévachan une arme splendide pour sa future réincarnation; celle qui en sera pauvre ne se fabriquera qu'une lame sans valeur, mais, dans les deux cas, les seuls matériaux utilisables sont ceux qui viennent de la terre.

L'âme, dans le Dévachan, sépare et crible ses expériences; elle y mène une existence relativement libre et apprend peu à peu à apprécier ses expériences terrestres à leur juste valeur; de plus, elle fait, de toutes les idées qui n'avaient fait que germer sur la terre, des réalités absolues et objectives. Ainsi, de nobles aspirations sont des germes dont l'âme tirera une réalisation splendide en Dévachan, et, dans sa prochaine réincarnation, elle en rapportera l'image mentale pour la réaliser sur la terre, si l'occasion se présente et si l'entourage est propice. Car la sphère de l'intelligence est la sphère de la création, et la terre n'est que l'endroit où la pensée préexistante prend une forme matérielle. L'âme ressemble à un architecte qui dessine ses plans dans le silence d'une profonde méditation, et les apporte ensuite au monde extérieur, là où son édifice doit être construit. Elle dessine le plan de sa vie future, d'après les expériences faites dans sa vie passée, et elle retourne sur la terre pour donner une force objective et matérielle aux édifices qu'elle a projetés. Voici la description d'un Logos en activité créatrice :

> "Jadis, au commencement des Kalpas, pendant que Brahmâ méditait sur la création, il en parut une dont le commencement était plongé dans l'ignorance et qui était enveloppée dans les ténèbres... Brahmâ, voyant les défauts de cette création, en projeta une autre ; pendant qu'il méditait ainsi, la création animale apparut... Trouvant que cette création était encore imparfaite, Brahmâ médita de nouveau et une troi-

sième création apparut, et elle abondait
en qualités excellentes." [36]

La manifestation objective suit la méditation
mentale : d'abord l'idée, puis la forme. Ceci prouve
que l'opinion, partagée par beaucoup de théosophes, que le temps passé en Dévachan est du temps
perdu, n'est qu'une des nombreuses illusions causées par la matière grossière qui les aveugle ; leur
impatience à ce sujet vient de l'erreur de croire que
la véritable activité consiste à s'agiter et à se remuer
beaucoup dans cette sphère matérielle ; en réalité,
les actions vraiment efficaces naissent dans la méditation profonde et c'est toujours du silence que sort
la parole qui crée. L'action sur ce plan serait moins
faible et moins inefficace, si elle était le pur fruit de
la racine profonde de méditation ; il y aurait moins
d'actes inutiles, et, par conséquent, moins de perte
de temps, si l'âme incarnée, pendant la vie terrestre,
abandonnait plus souvent le corps pour retourner en
Dévachan. Car le Dévachan est un état conscient,
l'état de l'âme échappée pour un temps aux pièges
de la matière, et tous ceux qui ont appris à retirer leur âme du monde des sens, comme la tortue

---

36   *Vishnu Purâna*. Liv. I, ch. V.

se retire sous sa carapace, peuvent entrer à volonté dans cet état. Lorsqu'ils en ressortent, leur action est prompte, décisive, sage et le temps "perdu" en méditation est plus que regagné par la force et la certitude de l'action engendrée par la pensée.

Le Dévachan est, comme nous l'avons dit, la sphère de l'intelligence, le pays des dieux ou des âmes. Dans les *Notes sur le Dévachan*, déjà citées, nous lisons :

> "Il y a deux champs propres aux manifestations causales ! L'objectif et le subjectif. Les énergies plus grossières trouvent leur champ d'action dans chaque nouvelle personnalité qui naît sur la terre et qui appartient au cycle des individualités en évolution. Les activités morales et spirituelles trouvent leur sphère d'action, ou sphère des effets, dans le Dévachan."

Comme les activités morales et spirituelles sont les plus importantes, puisque c'est d'elles que dépend la croissance du véritable Égo et, par conséquent, l'accomplissement du "but de la création, qui est la libération de l'âme", nous pouvons entrevoir l'immense importance de l'état dévachanique.

LE DÉVACHANÎ

Lorsque la Triade a jeté loin d'elle sa derniè-re enveloppe mortelle, elle passe le seuil du Dévachan et devient un "Dévachanî". Nous avons vu que l'âme, avant de passer hors de la sphère ter-restre, entre dans un état rêveur et paisible, appelé la "seconde mort", ou "l'état d'inconscience pré-dévachanique". On donne également à cette pério-de le nom de "période de gestation", parce qu'elle précède la naissance de l'Égo dans la vie dévacha-nique. Ce passage, regardé de la sphère terrestre, est la mort, tandis que vu du Dévachan, c'est la naissance. Ainsi nous trouvons dans les *Notes sur le Dévachan* :

> "Comme dans la vie terrestre, l'Égo passe, en Dévachan, par les premières fluctuations de la vie psychique, atteint la maturité, puis, perdant graduellement

ses forces, passe dans un état semi-
conscient et léthargique auquel succède
non la mort, mais la naissance dans une
autre personnalité et la reprise de la vie
active ; celle-ci, produisant sans cesse de
nouvelles causes, amène forcément une
autre vie dévachanique, à laquelle succède une autre naissance physique, dans
une nouvelle personnalité. C'est Karma
qui, dans chacune de ces existences, dé-
termine ce que sera la vie terrestre et la
vie dévachanique, et ce retour incessant
de naissances consécutives durera jusqu'à
ce que l'Être arrive à la fin de la septième Ronde, à moins qu'il n'atteigne,
dans l'intervalle, à la sagesse d'un Arhat,
puis à celle d'un Buddha, et ne soit ainsi
dispensé d'une Ronde ou deux."

Quand l'entité dévachanique est née dans cette
nouvelle sphère, elle ne peut plus être rappelée sur
la terre. L'âme incarnée peut s'élever jusqu'à elle,
mais elle ne saurait la ramener vers notre monde.
Un Maître a parlé d'une façon décisive à ce sujet :

"Il existe une grande variété d'états spirituels, depuis Sukhâvâtî jusqu'au "Champ du doute", mais... aussitôt que l'Égo est sorti du Kâma-Loka et a traversé "le Pont d'or", qui conduit aux "Sept Montagnes d'or", il ne peut plus entrer en rapport avec les simples médiums. Jamais Ernest ou Joseph n'est retourné du Rûpa-Loka, et encore moins de l'Arûpa-Loka pour s'entretenir familièrement avec les humains."

Nous lisons encore dans les *Notes sur le Dévachan* :

"Il est certain que le nouvel Égo, après sa renaissance (dans le Dévachan), se rappelle sa "vie terrestre" pendant un temps proportionné à la durée de cette vie, mais jamais il ne pourra, du Dévachan, revisiter la terre qu'en se réincarnant."

On considère généralement le Dévachanî comme composé de la Triade immortelle, Atmâ-Buddhi-Manas, mais il est essentiel de ne pas oublier que :

"Atman n'est la propriété individuelle d'aucun homme. C'est l'Essence divine, qui n'a ni corps, ni forme, qui est impondérable, invisible et indivisible, qui EST, mais qui n'existe pas, comme les Bouddhistes disent du Nirvâna. Son ombre ne fait que planer sur l'être mortel; ce sont ses rayons lumineux et omniprésents qui seuls, par l'intermédiaire de Buddhi, son véhicule et son émanation directe, pénètrent dans le corps entier de l'homme." [37]

Buddhi et Manas, unis à l'ombre d'Atman qui plane sur eux, forment le Dévachanî; mais comme nous l'avons vu en étudiant *les Sept Principes de l'homme* [38], Manas est double pendant la vie terrestre, et le Manas inférieur est réabsorbé par le Manas supérieur, pendant l'intermède passé dans le Kâma-Loka. Grâce à ce retour du rayon à sa source, les deux Manas redeviennent un, et les pures et nobles expériences de la vie terrestre sont portées dans le Dévachan où elles conservent la

---

37 *La Clef de la Théosophie.*
38 Ouvrage anglais de Mme Annie Besant.

personnalité passée ; cette personnalité est la caractéristique propre du Dévachanî, et c'est, pour ainsi
dire, dans cette persistance de "l'Égo personnel",
que consiste "l'illusion" du Dévachanî. Si l'entité
manasique était affranchie de toute illusion, tous
les Égos lui paraîtraient comme des âmes-sœurs,
et, jetant un regard sur le passé, elle reconnaîtrait
les diverses parentés qui l'ont unie à ces âmes dans
les autres vies ; c'est ainsi qu'un acteur, tout en
se rappelant les différents rôles qu'il a joués avec
d'autres acteurs, sépare toujours l'homme de son
rôle, et n'identifie pas un camarade de scène avec
le rôle de père, de fils, de juge, de meurtrier, de
maître ou d'ami qu'il remplissait vis-à-vis de lui.
La connaissance humaine développée empêche les
acteurs-frères de s'identifier avec leurs rôles, et les
Égos spirituels devenus parfaits reconnaissent le
lien fraternel qui les unit, et ne peuvent devenir la
proie des illusions causées par les parents terrestres. Mais le Dévachanî, au moins dans les stades
inférieurs, est encore absorbé par les sentiments
personnels de sa vie terrestre passée. Il est enfermé
dans les relations qu'il a eues dans la dernière incarnation ; son paradis se peuple de tous ceux *qu'il
a aimés d'un amour éternel, sentiment sacré qui est
seul à survivre.* De sorte que le caractère saillant du

Dévachanî, c'est d'être, comme il a été dit ci-dessus, un Égo personnel purifié. Je cite de nouveau les *Notes sur le Dévachan*.

"Qui va en Dévachan? L'Égo personnel naturellement; mais il y va béatifié, purifié, sanctifié. Tout Égo étant une combinaison des sixième et septième principes [39], renaît dans le Dévachan, après la période de gestation inconsciente, pur et innocent comme un enfant nouveauné. Le fait même qu'il est né de nouveau montre que, dans sa personnalité terrestre, le bien l'emportait sur le mal. Et tandis que le Karma (du mal) s'éloigne de lui, pendant un certain temps, pour ne le rejoindre que dans sa future réincarnation, le Karma de ses bonnes actions, de ses bonnes paroles et pensées, le suit dans le Dévachan. Pour nous, "mal" est un terme relatif, — comme on l'a dit plus d'une fois déjà — et la loi de Rétribution est la seule qui ne se trompe

---

39   Sixième et septième, dans l'ancienne nomenclature; cinquième et sixième dans celle que nous employons, c'est-à-dire, Manas et Buddhi.

jamais ; de sorte que tous ceux qui n'ont pas mené une vie bestiale et ne se sont pas entièrement adonnés au vice, vont au Dévachan. Ils paieront plus tard leurs péchés, volontaires et involontaires. En attendant, ils sont récompensés et jouissent des effets causés par leurs bonnes actions."

Il est des personnes, à la vérité, qui ont une certaine répulsion pour l'idée que les liens formés sur la terre ne dureront pas éternellement. Mais examinons la question avec calme. Lorsqu'une mère serre son enfant nouveau-né dans ses bras, il lui semble que cette union est parfaite ; si cet enfant mourait, le désir de la mère serait de le posséder de nouveau, tel qu'il était comme bébé. Mais, à mesure que l'enfant grandit et devient un homme, le lien qui l'unit à sa mère change d'aspect ; l'obéissance passive de l'enfant, répondant à l'amour protecteur maternel, cède la place à un autre sentiment, celui qui existe entre amis et camarades, mais plus riche en souvenirs que la camaraderie ne saurait l'être. Plus tard, lorsque la mère est vieille et que le fils est dans toute la force de l'âge, leurs positions respectives ont changé de nouveau ; c'est le fils, à

son tour, qui protège et guide la mère. Eh bien! La
relation entre la mère et le fils aurait-elle été plus
parfaite, si elle avait été brisée lorsque l'enfant était
encore tout jeune, et qu'un seul sentiment l'unis-
sait à sa mère? N'est-elle pas, au contraire, devenue plus douce à mesure qu'elle s'est enrichie de
tant de sentiments divers.

Il en est de même pour les Égos. Les liens
de parenté qui les relient les uns aux autres diffèrent dans chaque vie, et, finalement, lorsqu'ils
sont devenus Compagnons de la Loge et que, unis
étroitement ensemble, ils regardent en arrière,
ils se voient, dans leurs vies passées, unis les uns
aux autres par tous les liens humains possibles,
jusqu'au moment où les sentiments variés par lesquels ils ont passé leur auront finalement enseigné
tous les aspects de l'amour et du devoir. De toutes
ces expériences successives, de cette accumulation
de toutes les formes de l'amour, ne résulte-t-il pas
un accroissement de richesse pour l'âme au lieu
d'un appauvrissement? Je dis "finalement"; mais
ce mot ne peut s'appliquer qu'au Cycle actuel, car
nulle intelligence humaine ne sait ce qu'il y aura
au-delà, ni ce que sera la vie plus large et moins
sujette à la séparativité qui existera alors.

Quant à moi, il me semble que cette variété dans les expériences rend les liens plus forts, au lieu de les affaiblir, et que ne se séparation soi-même et ne séparation quelques autres personnes, pendant des éternités, que sous un seul aspect humain, lorsque ces aspects sont si variés, n'est qu'une bien pauvre satisfaction. Mille ou tel nombre d'années passées avec une seule personne vue sous un même caractère me suffiraient amplement, et je préfèrerais ensuite la séparation sous un nouvel aspect de sa nature.

Ceux qui ne partagent pas cette manière de voir n'ont pas besoin de s'attrister à ce sujet, car ils jouiront de la présence de ceux qu'ils aiment, sous la forme qu'ils revêtaient pendant l'incarnation dont ils sont conscients, et ils en jouiront *aussi longtemps qu'ils désireront que dure cette présence*. Mais ils ne doivent pas chercher à imposer leur forme de bonheur à tout le monde, ni exiger que le seul bonheur qui, dans leur état actuel de développement, leur parait désirable, soit stéréotypé pendant toute l'éternité, ou, plutôt, pendant les millions d'années qui sont devant nous. Dans le Dévachan, la Nature accorde à chacun la réalisation de ses désirs, si ces désirs sont purs, et Manas exerce, là, cette faculté divine et innée qui lui est propre "de ne jamais vouloir en vain". Cela n'est-il point suffisant?

Mais laissons de côté les discussions sur la nature d'un "bonheur" à venir séparé de nous par des millions d'années et que, par conséquent, nous ne pouvons pas plus comprendre, aujourd'hui, qu'un enfant jouant avec ses poupées ne peut formuler les joies profondes et les intérêts de l'âge mûr. Il suffit de comprendre que, selon les enseignements de la Philosophie ésotérique, le Dévachanî est entouré de tous ceux qu'il a aimés sur la terre d'une affection pure, et que cette union ayant lieu sur le plan de l'Égo et non sur le plan physique, elle échappe à toutes les souffrances qui seraient inévitables, si le Dévachanî était conscient du plan physique avec l'illusion de ses joies et ses douleurs transitoires. Il est entouré, dans son état supérieur de conscience, par tous ceux qu'il aime, sans la douleur de savoir ce qu'ils souffrent encore dans leur conscience inférieure, prisonniers qu'ils sont de la chair.

Selon la foi chrétienne orthodoxe, la mort est une séparation, et les "esprits des défunts" attendent la réunion suprême, jusqu'à ce que ceux qu'ils aiment aient passé, eux aussi, par la porte de la mort; ou, selon d'autres, jusqu'au jour du jugement dernier. Or, contrairement à cette doctrine, la Philosophie ésotérique enseigne que la mort ne peut atteindre la conscience supérieure de l'homme et qu'elle ne sépare que ceux dont l'amour s'est concentré dans les véhicules inférieurs. L'homme qui, sur la terre, vit aveuglé par la matière, se sent séparé de tous ceux qui ont passé dans l'Au-delà; mais le Dévachanî, ainsi que H. P. Blavatsky l'a écrit, a la ferme conviction "que la mort n'existe pas", bien qu'il ait laissé derrière lui tous les véhicules sur lesquels la mort a prise. Le voile de la matière, cause du sentiment de la séparativité, a été déchiré, et sa vue plus claire lui montre ses bien-aimés autour de lui.

> "Une mère meurt, laissant derrière elle ses petits enfants abandonnés, des orphelins qu'elle adore, et peut-être aussi un mari bien-aimé. Nous disons que son "Esprit" ou Égo, — cette individualité qui est maintenant imprégnée, pour toute la période dévachanique, des sentiments les plus nobles qui aient appartenu à sa dernière *personnalité*, c'est-à-dire amour maternel, pitié pour ceux qui souffrent, etc., — cet Esprit, disons-nous, est complètement séparé de la

"Vallée des Larmes", et son bonheur futur tient, en partie, à son ignorance heureuse de tous les malheurs qu'il a laissés
derrière lui… nous disons encore que
la conscience spirituelle de cette mère,
après la mort, l'entourera de ses enfants
et de tous ceux qu'elle a aimés ; aucun
vide, aucun anneau manquant ne viendra atténuer la félicité parfaite et absolue de son état désincarné." [40]

Et plus loin :

"Quant au commun des mortels, leur
bonheur dans le Dévachan est complet ;
il consiste dans l'oubli absolu de tout ce
qui leur a causé de la douleur ou du chagrin dans la dernière incarnation, dans
l'ignorance de l'existence même de la
douleur ou du chagrin. Le Dévachanî,
pendant le cycle qui sépare deux incarnations, est entouré de tout ce qu'il avait
désiré en vain sur la terre, de tous ceux
qu'il a aimés. Il voit se réaliser les aspi-

---

40   *Clef de la Théosophie.*

rations les plus hautes de son âme. Et c'est dans cet état qu'il vit, pendant de longs siècles, dans une béatitude *sans mélange*, récompense de ses souffrances terrestres. En somme, il nage dans une mer de félicités sans fin, et son bonheur augmente sans cesse." [41]

Quand nous nous plaçons au point de vue plus large de la Philosophie ésotérique, nous entrevoyons des possibilités d'affection et d'union entre les Égos individuels, infiniment plus charmantes que tout ce que nous offrent les croyances assez limitées du christianisme exotérique. "Les mères aiment leurs enfants d'un amour immortel", dit encore H. P. Blavatsky, et la raison de l'immortalité de ce sentiment s'explique facilement quand on comprend que les mêmes Égos jouent des rôles bien différents dans le drame de la vie, que les expériences recueillies dans chaque rôle sont inscrites dans la mémoire de l'âme et que, pour les âmes, il n'y a pas de séparation, bien que, pendant l'incarnation, elles ne puissent réaliser toute la plénitude et toute la beauté de ce fait.

---

41   *Clef de la Théosophie.*

"Nous sommes avec ceux dont nous avons
perdu la forme matérielle, et infiniment
plus près d'eux que pendant la vie. Et
cela n'est pas une illusion du Dévachanî,
comme certains pourraient se l'imaginer,
mais une réalité. Car l'amour pur et divin
n'est pas une fleur éclose dans le cœur
humain, elle a ses racines dans l'Éternité.
L'amour spirituel, sanctifié, est immortel
et, tôt ou tard, Karma conduit ceux qui
se sont aimés ainsi d'une affection pure à
se réincarner dans la même famille !" [42]

L'amour "a ses racines dans l'éternité", et ceux
vers lesquels nous nous sentons fortement attirés en
cette vie, sont les Égos que nous avons aimés dans
nos existences passées et qui ont vécu avec nous dans
le Dévachan. Lorsque nous retournons sur la terre,
ces vieux liens d'affection nous attirent de nouveau
les uns vers les autres, et gagnent ainsi en force et en
beauté. Cela continue jusqu'à ce que toutes les illusions
soient surmontées ; les Égos devenus forts et parfaits
se retrouvent, alors, et partagent les expériences faites
ensemble dans un passé presque sans limites.

---

42   *Clef de la Théosophie.*

LE RETOUR SUR LA TERRE

Enfin vient le moment où les causes qui ont porté l'Égo dans le Dévachan sont épuisées et les expériences recueillies entièrement assimilées; l'âme commence alors à sentir de nouveau le désir de la vie des sens, désir qui ne peut être réalisé que sur le plan physique. Plus le degré de spiritualité a été élevé, plus la vie terrestre précédente a été pure et noble, plus le séjour dans le Dévachan, qui est le monde des effets spirituels, purs et élevés, se prolonge. (Je ne parle pas ici des conditions spéciales qui entourent celui qui, forçant son évolution, entre dans la voie qui conduit à l'Adeptat en un petit nombre de vies.)

La durée ordinaire du Dévachan "est de dix à quinze siècles". H. P. Blavatsky dit que le cycle de quinze siècles est celui que l'histoire indique le plus clairement [43]. Mais dans la vie moderne, cette période s'est beaucoup accourcie, en raison de la grande attraction exercée, sur le cœur de l'homme, par les objets physiques. En outre, on doit se rappeler que la "moyenne de temps" n'est pas le temps passé en Dévachan par n'importe qui. Si une personne y reste mille années et une autre cinquante, la "moyenne" est 525. La période dévachanique est plus longue ou plus courte suivant le caractère de la vie qui l'a précédée ; la dominante y a-t-elle été d'activité spirituelle, intellectuelle et d'émotion d'ordre sublime, plus longue sera la cueillette de la récolte ; a-t-elle été, sur la terre, absorbée par une activité guidée par l'égoïste intérêt, plus courte sera la période dévachanique.

Quand les expériences sont assimilées, que ce soit en beaucoup ou peu de temps, l'Égo est alors prêt à retourner et rapporte avec lui une expérience grandie et enrichie par les glanes dans les champs de la pensée abstraite du Dévachan. Car, en Dévachan,

"Nous pouvons, en un sens, augmenter nos connaissances, c'est-à-dire, dévelop-

---

43   Voir *Réincarnation*, pp. 60-61, 3ᵉ édit.

per toute faculté qui nous a été chère et
que nous avons cultivée pendant notre
vie terrestre, à la condition qu'elle s'ap-
plique à des choses abstraites et idéales,
comme la musique, la peinture, la poésie, etc." [44]

Mais lorsque l'Égo mourant au Dévachan en
franchit le seuil pour renaître sur la terre, il jette,
dans "l'atmosphère du plan terrestre", les germes
du mal formés dans sa vie précédente. Pendant le
repos dévachanique, il a été affranchi de tout chagrin, de toute douleur, et le mal qu'il a fait jadis est
resté comme cristallisé, mais il n'a pas été détruit.
Comme la semence jetée en automne dans la terre
y repose pendant l'hiver et attend les pluies tièdes
et la chaleur du soleil du printemps pour se gonfler,
se développer et croître, de même la semence du
mal que nous avons semée reste dans un état passif
pendant que l'âme se repose dans le Dévachan, et
commence à prendre racine dans la personnalité
nouvelle qui se forme, et dans laquelle l'homme
doit se réincarner. L'Égo est obligé de reprendre
le fardeau de son passé, et ces germes, qui lui vien-

---

44   *La Clef de la Théosophie.*

nent de la moisson de la vie précédente, sont ce
que nos frères bouddhistes appellent les Skandhas.
Ces Skandhas sont des qualités matérielles, des
sensations, des idées abstraites, des tendances de
l'intelligence, des pouvoirs mentaux; la partie la
plus pure de ces sentiments s'attache à l'Égo et
l'accompagne en Dévachan; la partie grossière,
tout ce qui est bas et mauvais, reste dans un état
passif, comme nous l'avons dit plus haut. L'Égo, en
rentrant dans la vie terrestre, projette ces *Skandhas*,
lesquels s'attachent au nouvel "homme de chair",
demeure de l'homme véritable. Et c'est ainsi que
se poursuit la chaîne des naissances et des morts,
que tourne la Roue de la Vie, et que nous complé-
tons le Cycle de Nécessité, jusqu'à ce que l'œuvre
soit finie, et que l'édifice qu'on nomme l'Homme
parfait soit achevé.

NIRVANA

Le Nirvâna est pour le Cycle complet des réincarnations ce que le Dévachan est pour chaque vie terrestre; mais une discussion quelconque sur ce glorieux état serait ici hors de propos; il n'est mentionné que pour compléter "l'Au-delà", car la parole humaine, ne pouvant se mouvoir que dans les limites de la conscience inférieure, ne saurait expliquer le Nirvâna; en essayant de le décrire on ne ferait que le défigurer. Nous ne pouvons que tracer brièvement ce qu'il n'est pas: Il n'est pas l'"annihilation", il n'est pas non plus la destruction de la conscience. M. A. P. Sinnett a montré, d'une façon claire et brève, toute l'absurdité de la plupart des idées qui circulent en Occident sur le Nirvâna. Ayant parlé de la conscience absolue, il continue en ces termes:

"Nous pouvons, à vrai dire, nous servir de ces phrases comme de jalons intellectuels, mais elles ne peuvent avoir aucune signification possible, pour une intelligence ordinaire dominée par le cerveau physique et par l'intellect qui naît de ce cerveau. Tout ce que nous pouvons exprimer par des paroles, au sujet du Nirvâna, c'est qu'il est un sublime état de repos conscient dans l'omniscience. Il serait ridicule, après tout ce qui a été dit à ce sujet, de recommencer les diverses discussions qui ont eu lieu entre les étudiants du Bouddhisme exotérique pour savoir si le Nirvâna signifie, oui ou non, annihilation. Aucune comparaison au monde ne peut donner une idée des sentiments qu'une semblable question fait naître dans l'esprit des Lauréats de la Science ésotérique. Serait-il sensé de dire que la plus sévère punition infligée par la loi peut être de même nature que les honneurs sans pareils accordés aux pairs de la Couronne, ou qu'une cuiller de bois est l'emblème d'une haute supériorité scientifique? De semblables

questions ne sont que de pâles exemples
de l'extravagance de ceux qui demandent
si le Bouddhisme considère le Nirvâna
comme un synonyme d'annihilation." [45]

Nous apprenons aussi par la *Doctrine Secrète*
que le Nirvâna prend de nouveau part à l'activité
cosmique, dans un nouveau cycle de manifestation
et que :

"Le fil radieux et impérissable qui ne
disparaît qu'en Nirvâna, apparaît de
nouveau dans son intégrité, le jour où
la Grande Loi force toutes les choses à
retourner encore une lois à l'activité." [46]

---

45   *Le Bouddhisme Ésotérique.*

46   *Doctrine Secrète.* L'étudiant fera bien de lire, pour une
exposition nette du sujet, G. R. S. Mead's *Notes on Nirvâna,*
Lucifer de mars, avril et mai 1893.

COMMUNICATIONS ENTRE LA TERRE ET LES AUTRES SPHÈRES

Nous sommes, maintenant, dans le cas de discerner les différentes espèces de communications qui peuvent se produire entre ceux que nous partageons si légèrement en "morts" et "vivants", comme si le corps était l'homme, ou comme si l'homme véritable pouvait mourir; il serait donc plus raisonnable de dire: "Communications entre les incorporés et les désincorporés".

Supprimons d'abord le mot esprit, car les communications de l'Esprit avec l'Esprit dépassent notre compréhension. Ce premier principe n'est pas manifesté dans la chair; il est la source cachée de tout, l'énergie éternelle, un des pôles de l'Être manifesté. Quand on se sert du mot Esprit, sans définition spéciale, on veut parler d'Intelligences supérieures qui existent et se meuvent en dehors de toute condition matérielle concevable pour nous;

mais nous ne pouvons apparaît, pour le moment, la nature réelle de l'Esprit pur. Comme, dans le chapitre actuel, nous avons affaire à des êtres humains de développement moyen, nous ferons mieux d'éviter autant que possible le mot esprit pour ne pas donner lieu à l'équivoque. Mais puisque, dans nos citations, ce mot revient souvent, nous dirons ici que, dans ces cas, il signifie l'Égo.

Si nous considérons les états par lesquels l'homme vivant passe après la "mort", ou mieux, après sa désincarnation, nous pouvons facilement classer les communications reçues ou les apparitions aperçues :

I. Lorsque l'âme s'est dépouillée de son corps physique seul, et se trouve encore revêtue de son double éthérique, ce qui ne constitue qu'un intervalle fort court, elle peut se montrer revêtue de son corps subtil.

"Pendant l'intervalle très court qui suit la mort et durant lequel les principes désincarnés restent dans la sphère d'attraction de la terre, il est *possible* à l'esprit d'apparaître aux vivants, sous des conditions *particulières* et *favorables*." [47]

Encore ne feront-ils aucune communication durant ce bref intervalle, ou pendant qu'ils sont dans cette forme. De semblables "Revenants" sont silencieux, rêveurs, pareils à des somnambules, et ils ne sont rien d'autre, en effet, que des somnambules astraux.

D'autres apparitions ne sont que l'expression de la pensée d'un mourant, prenant une forme dans le monde astral, et portée par la volonté du moribond vers la personne avec laquelle il désire entrer en communication. Ces revenants sont, aussi, sans expression, mais ils ont le pouvoir de transmettre une idée, celle de la douleur par exemple, de l'anxiété d'un accident, d'un meurtre, etc. Une pensée, ainsi objectivée, est parfois appelée Mayâvi-Rûpa, ou forme illusoire.

Sa projection peut être objective, comme dans le cas des apparitions après la mort ; mais, à moins qu'elle ne soit dirigée par le cerveau mourant en pleine conscience (que cette conscience soit latente ou potentielle) ou qu'elle ne soit causée par l'intensité du désir de voir quelqu'un ou de lui apparaître, elle sera purement automatique ; elle ne sera pas plus la conséquence d'une attraction par sympathie ou d'un acte de volonté que l'image d'une personne qui passe sans le savoir devant un miroir n'est causée par le désir de cette dernière.

Quand l'âme a quitté le double éthérique et s'en est débarrassée comme du corps physique, ce double, abandonné comme un simple cadavre, peut recevoir une "vie artificielle" ; mais la méthode qui permet de produire ce phénomène n'est connue, heureusement, que de fort peu de personnes.

II. L'âme est ici dans le Kâma-Loka

La durée de cette période varie beaucoup. L'âme est revêtue d'un corps astral, la dernière mais l'une de ses enveloppes mortelles, et elle peut, pendant ce temps, en se servant du corps physique d'un médium, se procurer un instrument qui lui permet d'agir sur le monde qu'elle a quitté et d'entrer en communication avec ceux qui sont encore dans la chair. Elle peut ainsi donner des informations sur des faits connus d'elle seulement, ou d'elle et d'une autre personne, durant la vie terrestre qui vient de finir ; et, aussi longtemps qu'elle reste dans l'atmosphère de la terre, de semblables communications sont possibles. Le mal et le péril auxquels expose un tel acte ont été décrits déjà : ils ne manquent jamais de se produire, et cela, que le Manas inférieur, uni à la Triade divine, se trouve sur la route du Dévachan, ou qu'il ait perdu sa partie divine et marche vers la destruction.

III. L'âme est dans le Dévachan

Une âme incarnée peut être capable de s'élever jusqu'à cette sphère et d'entrer en *rapport* avec elle. Le Dévachanî, comme nous l'avons vu, est consciemment entouré de ceux qu'il aime et en pleine communication avec eux, les Égos étant mutuellement en contact, bien que l'un soit incarné et l'autre désincarné, mais la conscience de l'incarné met rarement en jeu le cerveau. De fait, tout ce que nous savons touchant le plan physique de notre ami, pendant que nous sommes l'un et l'autre incarnés, provient de l'image mentale occasionnée par l'impression qu'il fait sur nous. C'est, pour notre conscience, notre ami, et rien ne manque à son objectivité. Une image semblable est présente à la conscience du Dévachanî, et pour lui rien ne manque à son objectivité. De même que le plan physique ami est visible, sur la terre, pour un observateur, de même le plan mental ami est visible pour un observateur sur le dit plan. Le degré de réalisation de l'image de l'ami dépend de sa propre évolution, une personne hautement évoluée étant capable de communication plus complète avec un Dévachanî qu'une de minime évolution. La communication est plus facile lorsque la personne dort que lorsqu'elle veille, et maint "rêve" intense, concernant un être qui est de l'autre côté de la mort, est une véritable entrevue avec lui en Kâma-Loka ou en Dévachan.

"L'amour au-delà de la tombe, bien que vous le nommiez illusion [48], conserve une force magique et divine qui réagit sur les vivants. L'Égo d'une mère pleine d'affection pour les enfants imaginaires qu'elle voit autour d'elle, jouit d'une vie de bonheur aussi réelle que celle de la

---

[48]   Voir, touchant l'*illusion*, ce qui a été dit à l'article "Dévachan".

vie terrestre : cet amour sera toujours ressenti par ses enfants encore incarnés. Il se manifestera dans leurs rêves et en différents et fréquents évènements, comme délivrance et protection *providentielles*, car l'amour est un bouclier puissant que ne limite ni le temps ni l'espace. Il en est de toutes les affections et attaches humaines comme du cas de cette "mère" dévachanique, à l'exception de celles purement égoïstes ou matérielles." [49]

Nous souvenant que la pensée devient une entité active capable d'agir pour le bien ou le mal, de sorte que les Ames incarnées peuvent envoyer protection et secours à ceux qu'elles aiment, nous verrons que, de même, le Dévachanî, en pensant à ceux qui lui sont chers, envoie des pensées qui les aident, les protègent et leur servent de véritables Anges gardiens sur la terre. Mais cela ne veut pas dire que "l'Esprit" de la mère retourne sur la terre pour y être le spectateur impuissant des malheurs de son enfant.

---

49   *Clef de la Théosophie.*

L'âme incarnée peut s'échapper parfois de
sa prison de chair et entrer en relation avec le
Dévachanî. H. P. Blavatsky écrit :

> "Lorsque, bien des années après la mort
> d'une personne, on dit que son esprit
> est "retourné sur la terre" pour donner
> des conseils à ceux qu'il aimait, il s'agit
> toujours d'une vision subjective obtenue
> soit en rêve, soit en transe ; c'est alors
> l'âme du voyant incarné qui est attirée
> vers l'Esprit *désincarné*, et non ce der-
> nier qui retourne dans nos sphères." [50]

Si le sensitif ou médium est doué d'une nature
pure et élevée, il pourra monter jusqu'au Dévachanî
et avoir l'impression que l'Égo de la personne morte est venu vers lui. Le Dévachanî est absorbé dans
son heureuse "illusion" et

> "Les âmes ou Égos astraux des sen-
> sitifs purs et remplis d'amour sont en
> proie à la même illusion ; ils croient que
> leurs bien-aimés sont revenus vers eux,

---

50   *Theosophist*, sept. 1881.

sur la terre, tandis que c'est leur propre esprit qui est allé les trouver dans le
Dévachan." [51]

L'âme qui a quitté la terre, peut exercer cette
attraction lorsqu'elle est dans le Kâma-Loka ou
dans le Dévachan.

"Un "Esprit", ou plutôt l'Égo spirituel,
ne peut pas *descendre* vers le médium,
mais il peut *attirer* à lui l'esprit de ce
dernier ; il ne peut, pourtant, le faire que
dans deux intervalles, — avant et après
la "période de gestation". Le premier se
trouve entre la mort physique et l'entrée
de l'Égo spirituel dans cet état que la
Doctrine ésotérique des Arhats appelle
"Bar-do". Nous avons traduit ce mot par
"période de gestation", et cette dernière
peut durer de quelques jours à quelques
années, d'après les Adeptes. Le second
intervalle se trouve après la période de
gestation ; sa durée est déterminée par
les mérites de l'ancien Égo (personnel),

---

51   *Notes on Devachan*, *Path*, juin 1890, p. 80.

et l'Égo spirituel jouit, dans cette vie ré-
générée, de la récompense due à ses œu-
vres. Le nouvel Égo renaît de l'ancien,
— comme le Phénix de la fable, de ses
cendres. — La localité dans laquelle il se
trouve alors est appelée par les occultis-
tes bouddhistes "Dévachan." [52]

De même, aussi, les principes des sensitifs purs
peuvent être mis en rapport avec des âmes désincarnées, mais l'on ne peut s'en rapporter entièrement aux informations obtenues ainsi; d'abord,
parce qu'il est difficile de transmettre les impressions reçues au cerveau physique, et, ensuite, parce
qu'un voyant non entraîné ne peut observer avec
exactitude. [53]

"L'Égo d'un médium pur peut être attiré et s'unir, pour un instant, par suite
de sa relation magnétique (?) avec un
vrai esprit désincarné, mais l'âme d'un
médium impur ne peut entrer en rapport qu'avec *l'âme astrale* ou "coque" des

---

52   *Theosophist*, p. 226, juin 1882.
53   Résumé d'un article du *Theosophist*, sept. 1882.

morts. La première possibilité explique ces cas, fort rares, où l'écriture d'autographes obtenus directement a été reconnue exacte, et ceux où de hautes intelligences désincarnées ont délivré des messages."

Malgré tout, une confusion règne dans les messages obtenus ainsi, non seulement pour les raisons données plus haut, mais aussi parce que

"Même le meilleur et le plus pur des sensitifs ne peut, à quelque temps que ce soit, être mis en rapport qu'avec une entité spirituelle d'un ordre donné, et il ne peut savoir, voir et sentir que ce que cette entité sait, voit et sent."

C'est pourquoi, si l'on veut généraliser, l'on se trompe, car chaque Dévachanî vit dans un paradis personnel d'où il ne peut apercevoir la terre.

"Il n'y a pas là, non plus, de communication *consciente* avec les âmes qui peuvent ainsi s'élever pour apprendre ce que font les Esprits, ce qu'ils peuvent, sentent et voient.

Qu'est-ce alors qu'*être en rapport* ? C'est, simplement, une identité de vibration moléculaire existant entre la partie astrale du sensitif incarné et la partie astrale de la personnalité désincarnée. L'esprit du sensitif est "odylisé", pour ainsi dire, par l'aura de l'esprit, que celui-ci soit encore dans les sphères terrestres, ou qu'il rêve dans le Dévachan. L'identité vibratoire s'établit et, pendant un instant, le sensitif devient le désincarné, écrit de son écriture, se sert de son langage et pense ses pensées ; pendant ce temps, les sensitifs peuvent s'imaginer que ceux avec lesquels ils sont momentanément en rapport sont descendus sur la terre pour communiquer avec eux, tandis qu'en réalité c'est leur propre esprit qui, mis à l'unisson avec ces autres esprits, devient, temporairement unifié avec eux." [54]

---

54   *Theosophist*, 1882, p. 309.

Dans un cas particulier soumis à son examen, H. P. Blavatsky dit que la communication pouvait provenir d'un Élémentaire, mais qu'il était

> "Bien plus probable que l'esprit du médium avait été véritablement *en rapport* avec quelque entité spirituelle en Dévachan; que les pensées, le savoir et les sentiments de cette entité formaient le fond de la communication, tandis que la personnalité du médium et ses idées propres y avaient ajouté en partie la forme." [55]

Bien que l'on ne puisse donner créance à ces communications ou aux faits et opinions qu'elles transmettent,

> "Nous désirons pourtant faire remarquer, ajoute HPB, qu'il est *possible* qu'une entité spirituelle distincte influence l'intelligence de notre correspondant; en d'autres termes, il peut y avoir un esprit, d'après tout ce que nous

---

55   *Theosophist*, 1882, p. 310.

savons, avec lequel sa nature spirituelle
se trouve, pendant un certain temps, en
harmonie parfaite, dont les pensées, le
langage, etc., deviennent siens pour le
moment, ce qui donne l'illusion d'une
communication avec cet esprit... Il est
possible encore (mais peu probable) que
notre correspondant ait l'habitude d'entrer *en rapport* avec un véritable esprit,
de se l'assimiler, de penser presque (si-
non entièrement) comme lui, de prendre
son écriture, etc... Mais, s'il en est ainsi,
M. Terry ne doit pas s'imaginer que cet
esprit communique consciemment avec
lui, qu'il a connaissance de quoi que ce
soit se rapportant à lui, ou à n'importe
quelle autre personne ou chose sur la
terre. Il est facile de comprendre, néan-
moins, qu'une fois le rapport *établi*, M.
Terry s'assimile, pour un moment, cette personnalité, et pense, parle, écrive,
comme elle l'aurait fait sur terre... Les
molécules de sa nature astrale peuvent
de temps en temps, vibrer à l'unisson
avec celles de l'esprit de telle ou telle
personne actuellement en Dévachan, et

se croire alors en communication avec elle, conseillé par elle, etc., et les clair-voyants pourront voir, dans la lumière astrale, une image de la forme terrestre de cet esprit."

IV. Communications autres que celles provenant d'esprits désincarnés, passant par le processus post-mortem normal

a) Communications avec des Coques

Ces "coques" ne sont que des enveloppes abandonnées par l'âme devenue libre ; elles gardent, pendant un certain temps, l'impression de leur ancien hôte, et reproduisent automatiquement ses pensées, ses expressions habituelles, comme le corps physique répète automatiquement les gestes qui lui sont familiers. Une action réflexe est possible au corps du désir tout comme au corps physique, mais toute action réflexe est caractérisée par la tendance à la répétition automatique et l'absence de tout pouvoir de spontanéité volontaire. Ces "coques" répondent, lorsqu'elles sont stimulées, et montrent une certaine apparence d'initiative, quoique, en réalité, elles n'en possèdent aucune. Quand des personnes se réunissent pour "se développer", ou que, pendant une séance spirite, elles espèrent et attendent avec anxiété des messages d'amis perdus, le stimulant nécessaire est produit et les signes, attendus avec tant d'impatience, apparaissent.

b) Communications avec des Élémentaires

Ceux-ci possèdent toutes les facultés mentales inférieures développées, pendant la vie, dans le cerveau physique et peuvent donner des communications d'un caractère intellectuel fort élevé. Mais ces cas sont rares, comme on peut en juger facilement en examinant ce qu'on a publié comme messages d' "esprits nous ayant quittés".

c) Communications avec des Élémentals

Ces centres de forces semi-conscientes jouent un grand rôle dans les *séances* et sont surtout employés dans la production des phénomènes physiques. Ce sont eux qui jettent ou transportent des objets, font du bruit, agitant des sonnettes, etc., etc. Quelquefois ils se jouent des "coques" ; ils les animent et les présentent comme esprits de grands personnages ayant vécu sur la terre ; ils auraient, hélas, tristement dégénéré dans le "Monde des Esprits", à en juger par le genre de leurs effusions. Pendant les séances de matérialisations, ces forces projettent quelquefois des images, prises dans la Lumière astrale sur les formes fluidiques qu'elles produisent, et donnent ainsi à ces dernières la ressemblance avec différentes personnes. Il y a aussi des Élémentals d'un type très élevé qui, de temps à autre, entrent en communication avec des médiums très doués; ce sont des "Êtres brillants" venus d'autres sphères.

d) Communications avec des Nirmânakâyas

Pour ce genre de communications, comme pour les deux autres mentionnés à la suite, il faut un médium d'une nature fort pure et très élevée. Le Nirmânakâya est un homme parvenu à la perfection qui, ayant rejeté son corps physique, retient ses principes inférieurs pour rester dans la sphère terrestre et hâter l'évolution de l'humanité. Les Nirmânakâyas,

> "Par pitié pour l'humanité et pour ceux laissés sur la terre, ont renoncé à l'état nirvânique. Un tel Adepte, ou saint, quel que soit le nom qu'on lui donne, trouvant égoïste de se reposer dans la béatitude, pendant que l'humanité soupire sous le poids de la douleur causée

par l'ignorance, renonce au Nirvâna et décide de rester sur la terre, mais invisible, *en esprit*. Ils n'ont pas de corps physique, l'ayant abandonné, mais ils restent *dans la vie astrale* de notre sphère et possèdent tous leurs principes. Ces Nirmânakâyas peuvent communiquer et communiquent avec quelques rares élus, mais, certainement, jamais avec des médiums ordinaires." [56]

e) Communications avec des Adeptes vivant encore sur la terre

Ceux-ci communiquent souvent avec leurs disciples par des moyens autres que les moyens ordinaires, et lorsqu'un lien, créé dans une incarnation précédente, existe entre un Adepte et un médium, ce lien fait du médium un disciple. Un message ainsi reçu pourrait être confondu avec le message d'un "esprit". Plusieurs personnes ont reçu de semblables messages, soit sous forme d'écrits précipités, soit en paroles.

---

56   *La Clef de la Théosophie.*

f) Communications avec l'Égo supérieur du médium

Il arrive souvent que, lorsqu'une femme ou un homme cherche la vérité d'une façon sérieuse et pure, sa nature supérieure s'incline, en quelque sorte, vers lui et illumine de ses rayons sa conscience inférieure; celle-ci se trouve, pour un certain temps, réunie à hauteur de son Être et transmet, de ce qu'elle a appris ainsi, tout ce qu'elle peut en retenir.

On peut voir, par cette esquisse rapide, combien sont variées les sources des communications avec l'Au-delà. Comme l'a dit H. P. Blavatsky:

> "Les causes de ces phénomènes sont d'une immense variété; il faudrait être un Adepte pour pouvoir approfondir et examiner tout ce qui nous parvient sous ce nom et pour expliquer à quelle cause appartient chaque cas." [57]

Pour compléter ce qui a été dit, on doit ajouter que ce qu'une âme ordinaire peut faire, lorsqu'elle a franchi la porte de la Mort, elle peut aussi le faire de ce côté de la tombe, et que des communications

---

57   *Theosophist*, Sept. 1882, p. 310.

écrites peuvent être obtenues tout aussi facilement des âmes incarnées que de celles désincarnées, lorsqu'on se met en état de transe, ou qu'on emploie les divers moyens en usage dans les communications. Si chacun développait les pouvoirs de sa propre âme, au lieu de passer sa vie sans but, ou de se livrer à des expériences dangereuses, on pourrait accumuler une véritable science et l'évolution de l'âme en serait accélérée. Une chose est certaine, c'est que l'homme est, aujourd'hui, une âme vivante, sur laquelle la mort n'a pas de prise ; la clé de la prison charnelle est entre ses propres mains et il peut apprendre à s'en servir, s'il le désire. C'est parce que son vrai Moi, aveuglé par le corps n'est plus en unisson avec le Moi des autres, que la mort est devenue un gouffre au lieu de rester une simple barrière entre les âmes incarnées et les âmes désincarnées.

APPENDICE

*Le passage suivant, touchant le sort des suicidés,
est extrait du Theosophist de septembre 1882.*

Quant à présent, nous n'avons pas la prétention, — il ne nous est point permis, — de traiter à fond la question, mais nous nous en ferons une idée par l'une des plus importantes classes d'entités, autres que les Élémentaires et les Élémentals, pouvant participer au phénomène objectif.

Cette classe comprend les Esprits des suicidés conscients et sains d'esprit. Ce sont des *Esprits* et non des *Coques*, parce qu'il n'y a pas dans leur cas, quel qu'il soit, une rupture totale et permanente entre le quatrième et le cinquième principe, d'une part, et entre le sixième et le septième, d'autre part. Les deux diades sont séparées, elles existent chacune de son côté, mais un point de contact les unit toujours, elles peuvent encore se rejoindre, et la personnalité gravement menacée détourne son arrêt; le cinquième principe tient toujours en main le fil grâce auquel, traversant le labyrinthe des péchés et des passions terrestres, il peut regagner le sanctuaire sacré. Mais pour le moment, quoique réellement un esprit et, en conséquence, désigné comme tel, il n'est guère, pratiquement, éloigné de la coque.

Cette classe d'Esprits peut, indubitablement, communiquer avec les hommes, mais il est de règle que ses membres aient à payer chèrement l'exercice de ce privilège, tandis qu'il est rarement possible pour eux de faire autrement que d'abaisser et d'avilir la nature morale de ceux avec qui et à travers qui ils communiquent souvent. Pour parler franchement, c'est simplement une question de graduation, beaucoup ou peu de préjudice résultant de telles communications; les cas dans lesquels un bien réel et permanent peut en naître sont trop absolument exceptionnels pour comporter quelque considération.

Comprenons bien ce qu'il en est. L'être malheureux qui se révolte contre les épreuves de la vie, — épreuves résultant de ses propres actions précédentes, épreuves accordées par la grâce du ciel comme un médicament contre les maladies de l'intelligence et de l'esprit, — en arrive, au lieu de s'armer courageusement contre une mer d'afflictions, à laisser tomber le rideau et, cédant à son imagination, à se tuer. Il détruit le corps, mais il se retrouve mentalement tout aussi vivant qu'auparavant. Par un enchaînement compliqué de causes antérieures il avait à accomplir une période de vie déterminée que l'acte soudain de sa propre volonté ne peut raccourcir. Cette période doit courir jusqu'à épuisement du temps fixé. Vous pouvez briser la partie inférieure du sablier, de sorte que le sable impalpable, se précipitant de la clochette supérieure, soit dispersé par les courants aériens au fur et à mesure comme il s'échappe; mais ce flot continuera, inaperçu malgré sa présence, jusqu'à ce que soit épuisée complètement la provision du réservoir supérieur.

Ainsi vous pouvez détruire le corps, mais non la période déterminée pour l'existence sensible, prédestinée (simplement parce qu'effet d'un plexus de causes) à intervenir avant la dissolution de la personnalité; celle-ci doit accomplir sa période fixée.

Il en est de même pour d'autres cas, par exemple, ceux des victimes d'accidents ou d'actes de violence; elles ont, aussi, à compléter le temps de leur vie, et de celles-là, du reste, nous parlerons en une autre occasion, — mais ici, il est suffisant de mentionner que leur attitude mentale, bonne ou mauvaise, au moment de la mort, change complètement leur condition subséquente. Elles ont, également, à attendre dans la "Région des Désirs" jusqu'à ce que leur vague de vie s'élance vers son rivage désigné et l'atteigne ; mais elles attendent plongées en des songes charmants et heureux, ou le contraire, suivant leur état mental et moral à l'heure fatale et antérieurement à cette heure ; toutefois, elles sont à peu près exemptes de nouvelles tentations matérielles et, disons-le nettement, incapables (sauf juste au moment de la mort réelle) de communiquer *scio motu* avec le genre humain, tout en n'étant pas complètement hors de l'atteinte possible des formes supérieures de la "Science Maudite", la Nécromancie. La question est des plus obscures ; il serait impossible d'expliquer, dans le bref espace qui nous reste encore, comment les conditions, immédiatement après la mort, diffèrent si complètement qu'elles le font dans le cas :

1. de l'homme qui, délibérément, non seulement *risque* mais *abandonne* sa vie, mu par des motifs d'altruisme, dans l'espoir de sauver celle des autres, et,

2. de celui qui, délibérément, sacrifie sa vie pour des motifs égoïstes, dans l'espoir d'échapper aux épreuves et aux soucis qui le guettent. Nature ou Providence, Fatalité ou Dieu, soit, simplement une machine s'ajustant d'elle-même, il semblerait, à première vue, que le résultat doit être identique dans l'un et l'autre cas. Mais, pour machine que ce soit, nous devons nous souvenir que c'est une machine *sui generis* —

Hors de lui-même il l'a filée,
La trame éternelle du bien et du mal ;
Et toujours est senti le plus subtil tressaillement,
Le long du fil quelque ténu qu'il soit.

Machine de sensibilité et d'ordonnance parfaites à laquelle, comparé, le suprême intellect humain n'est qu'une copie grossière et maladroite, *in petto*.
Et nous devons nous rappeler que les pensées et les mobiles sont matière, et parfois matière merveilleusement puissante, ce sont des forces ; nous pourrons, alors, commencer à comprendre pourquoi le héros, sacrifiant sa vie à un point de vue purement altruiste, entre, pendant que s'épanche le plus pur de son sang, en un songe suave dans lequel

Tout ce qu'il désire et tout ce qu'il aime,
Vient, souriant, autour de sa route ensoleillée,

pour ne se réveiller que dans l'état de conscience active ou objective, quand il renaîtra dans la
"Région du Bonheur" ; tandis que le pauvre mortel, malheureux et aveugle qui, cherchant à éluder
le sort, détend, dans son égoïsme, la corde argen-
tine et brise la coupe d'or, se retrouve terriblement
vivant et éveillé, animé de tous les mauvais appétits
et désirs qui empoisonnaient sa vie en ce monde,
sans personne avec qui les satisfaire, et seulement
susceptible de cette atténuation partielle que rend
possible plus ou moins de jouissance factice, et ceci
au prix, inéluctablement, de la rupture définitive et
complète avec ses sixième et septième principes et,
conséquemment, de l'annihilation ultime après de
longues périodes de souffrance, hélas !

Qu'on ne suppose pas qu'il n'y a plus d'espé-
rance pour cette classe — celle du suicidé délibéré
sain d'esprit. Si, portant fermement sa croix, il subit patiemment sa peine, luttant contre les appétits
charnels encore vivants en lui, avec toute leur intensité, quoique chacun, bien entendu, en proportion du degré suivant lequel il s'y est adonné dans
la vie terrestre ; si, disons-nous, il la porte humble-

ment, ne se laissant jamais tenter, çà et là, par d'il-
licites satisfactions de désirs impurs, alors, quand
sonnera l'heure marquée pour sa mort par le des-
tin, ses quatre principes supérieurs se réuniront et,
dans la séparation finale qui s'ensuit, il se peut bien
que tout soit au mieux pour lui et qu'il s'achemine
vers la période de gestation et ses développements
subséquents.

TABLE DES MATIÈRES

Mme Annie Besant
(1er octobre 1847 - 20 septembre 1933)

Née à Londres, Mme Annie Besant fut une conférencière, féministe, libre-penseuse, socialiste et théosophe britannique qui prit part à la lutte ouvrière et lutta également pour l'indépendance de l'Inde. Elle fit de nombreuses lectures philosophiques qui développèrent ses questionnements métaphysiques et spirituels. Elle partit s'installer en Inde en 1893 où était basée la Société théosophique. Elle en prit la direction en 1907 et l'assuma jusqu'à sa mort en 1933.